मेरी भी तो सुनो

आभा काला

प्रलेक प्रकाशन

*in association with JVP Publication Pvt. Ltd.

प्रलेक प्रकाशन एवं जेवीपी पब्लिकेशन का लोगो विश्व प्रसिद्ध महान चित्रकार **मिकी पटेल** ने बनाया है।

पहला संस्करण : 2020

ISBN : 978-81-946662-3-3

प्रकाशक
PRALEK PRAKASHAN PVT. LTD.

वितरक
JVP PUBLICATION PVT. LTD.
602, I-3, Global City
Virar (west), Mumbai-401303
Cell : 9833402902 / 7021263557
Email : pralek.prakashan@gmail.com
Website : www.pralekprakashan.com

मेरी भी तो सुनो : आभा काला
Meri bhi to suno : *Stories collection* of Abha Kala

आवरण : JVP Publication Pvt. Ltd.

पुस्तक सज्जा : JVP Publication Pvt. Ltd.

यह कहानी संग्रह 'मेरी भी तो सुनो' मैं अपनी स्वर्गवासी बहन रमा काला को समर्पित करती हूँ। बहुत कम उम्र में वह इस संसार से रुक्सत हो गयी। लेकिन शायद ही ऐसा कोई दिन बीता जब उसकी याद नहीं आयी। वह हमेशा ख़्यालों में बसी हुई है। मेरे तरफ़ से एक छोटी सी भेंट—उसकी याद में।

क्रम

भूमिका

शायद मैं खुदकिस्मत हूँ जो जीवन में विभिन्न तरह के लोगों से मिली। मैंने पाया हर आय वर्ग और हर उम्र की औरतों की कहानी तक़रीबन एक जैसी ही होती है। वह हंसती और रोती साथ है। यह भी पाया की औरतें ग़ज़ब की स्वाभिमानी होती है।

मैंने इस किताब में लघु कथायें ही सम्मिलित करी है। कहानियाँ काफ़ी हद तक सच्ची घटनाओं पर ही आधारित है। मेरा कहने का मतलब है सत्य के बहुत क़रीब है। किसी पात्र की रेज़ेम्ब्लन्स किसी से हो रही हो तो मैं कोई ज़िम्मेदारी नहीं लेती। इसका मुख्य कारण है औरत किसी भी प्रांत की हो, किसी भी आय वर्ग की, शिक्षित या अशिक्षित मोर और लेस सब औरतों की कहानियाँ समांतर होती है। कोरी कल्पना पर कहानी लिखना मुझे रास नहीं आता। हर कहानी की रूह है। और मेरे हर पात्र जीते जागते है। मैंने उनको समझने की कोशिश करी है। मुझे लगता है कहानीकार के लिए बहुत ज़रूरी है की वह अपने पात्रों की भावनाओं को सही तरह से व्यक्त करे। कहानी लिखते वक्त आप कई बार इस बात को तवज्जो देने लगते है की वहीं लिखे जो पाठक पढ़ना पसंद करता है। मुझे यह बात कुछ समझ नहीं आती है। मैंने वही लिखा जो मेरे ह्रदय के क़रीब था और सालों से मुझे बार बार याद आता था। मेरे लिए बहुत ज़रूरी था कि यह सब पात्र अक्षर में बदल जाये। लिखते वक्त अहसास हुआ की बहुत बड़ी ज़िम्मेदारी भी है। वही लिखा जाना चाहिए जो कुछ संदेश भी दे। बस इसी कोशिश में यह लघु कहानियों की रचना हुई। इस संकलन में पूरी तेरह कहानियाँ है। आपको लग रहा होगा यह तेरह अंक का क्या मतलब है। इसकी भी एक वजह है। मेरे लिए तेरह अंक का मतलब है तीन प्लस एक का जोड़। मतलब चार। यह ज़िंदगी को देखने का मेरा नज़रिया है। कई लोग तेरह अंक को अच्छा नहीं मानते। इसलिए। फिर मुझे पता नहीं तीन अंक बहुत पर्फ़ेक्ट लगता है। दो थोड़ा कम और चार कुछ

ज़्यादा। हाँ तो इस संकलन में मैंने औरतों के चरित्र के कई पहलुओं पर लिखा है। कैसे कोई कितना भी आपका अज़ीज़ हो अगर दिल से उतर जाए तो क्या हो सकता है। यह विषय थोड़ा ह्दिय्स्पर्शी है। इस धारा में दो कहानियाँ है। प्यार के भी कई रंग होते है। इस कोटि में भी कहानियाँ है। बच्चों की परवरिश के ऊपर भी कहानियाँ है। मैंने कोशिश करी है की अपने पहले कहानी संग्रह में इंद्रधनुषी रंगो का समावेश करूँ। कुछ कहानियाँ मैंने छोटी करके फ़ेसबुक में पोस्ट करी थी। मित्रों को पसंद आयीं और इससे मेरी हौसला अफजाई हुई। मैं आप सब मित्रों का शुक्रिया तहेदिल से करती हूँ। अगर आप मुझसे पूछेंगे कौन सी कहानी लिखने में सबसे ज़्यादा समय लगा तो वह है "कर्कशा " । मेरी नज़रों में औरत का माँ का रूप सर्वोपरि है। शायद यह कहानी उस छवि से अलग है इसलिए लिखने में बहुत समय लगा। आशा करती हूँ आपको कहानियाँ पसंद आएगी। मैं साहित्य की विद्यार्थी नहीं हूँ। लेकिन साहित्य की प्रेमी ज़रूर हूँ। मैंने बहुत सरल बोल चाल की भाषा में यह कहानियाँ लिखी है। एक छोटी सी कोशिश करी है दिल से दिल की बात लिखने की।

इस कहानी संग्रह का शीर्षक "मेरी भी तो सुनो " के पीछे भी एक संदेश है। उम्र के साथ यह बात का अहसास हुआ की चीज़ों को देखने का नज़रिया सबका अलग होता। हमें किसी पर अपनी सोच थोपने का कोई अधिकार नही। हर शख़्स को अपनी तरह से जीने का अधिकार है। अगर आपको मेरा यह पहला प्रयास पसंद आए तो ज़रूर बतायेगा। आप सबका आभार और शुक्रिया।

धन्यवाद।

—आभा काला

कर्कशा

मुझे कर्मठ महिलायें बहुत पसंद है। पता नहीं मुझे ऐसा क्यूँ ऐसा लगता है कि आलसी महिलायें अक्सर बददिमाग़ और जटिल होती हैं। और उनको दूसरों पर हावी होने का भूत सवार रहता है। तो आज आपको जिस चरित्र से रूबरू कराना चाहती हूँ वह थोड़ा विचित्र है और शायद दया का पात्र भी। मेरी अपने से बड़ी उम्र की महिलाओं से बहुत जल्दी दोस्ती हो जाती है। कारण उनसे बहुत कुछ नया सीखने को मिलता है। ज़िंदगी में अगर हर पल कुछ नया सीखने को मिलता रहे तो समय अच्छे से कटता है, बशर्ते आप सीखना चाहते हो। जीवन में विविध लोगों का साथ मिलता है। यह आपका हुनर है कि आपकी पारखी दृष्टि कौन सा मोती चुनती है।

मेरी प्रिय मित्र की दोस्त थी मिसेज़ दुबे। उम्र यही कोई पचास वर्ष। महिला ग़ज़ब की आकर्षक थी। भीड़ में भी आप की नज़र उन पर पड़ेगी ही। कारण उनकी आँखें बहुत खूबसूरत थी और आवाज़ और बोलने का अन्दाज़ बहुत मृदु। बहुत सभ्य और सुसंस्कृत महिला थी। मेरी दोस्त कामना ने मुझे उनसे मिलवाया था। मिसेज़ दुबे अपने जमाने में कई दिलो की धड़कन थी। अच्छी गायिका थी और औल इंडिया रेडियो में अनाउसर भी रह चुकी थी। शादी के कुछ साल बाद उन्होंने नौकरी से इस्तीफ़ा दे दिया था। एक बेटा था। उसका नाम अनुपम था। उनके पति बहुत बड़े डॉक्टर थे। सरकारी अस्पताल में कार्य करते थे। क़िस्मत ने करवट बदली और उनकी पोस्टिंग यूएनओ (UNO) में हो गयी। लिहाज़ा बाहर जाना पड़ा। पत्नी और बेटा उनकी जान थे इसलिए मिसेज़ दुबे को नौकरी छोड़नी पड़ी। मिसेज़ दुबे को कभी इसका पश्चाताप नहीं हुआ। बहुत खूबसूरत तरीके से ज़िंदगी चल रही थी। मिसेज़ दुबे बहुत मिलनसार महिला थी। हर कला में प्रवीन। उनसे कोई परेशानी बया कर दो तों बस कोशिश में लग जाती की कैसे मदद करे।

कई बार ऐसा होता है कि आप अपनी दोस्त की दोस्त की ख़ास दोस्त बन जाती हैं। कुछ ऐसा ही मेरे साथ हुआ। मिसेज़ दुबे से मुझे मेरी सहेली कामना ने मिलाया था। लेकिन मिसेज़ दुबे से मैं ज़्यादा करीब हो गयी। मिसेज़ दुबे को मैं दीदी कहकर बुलाती थी। उन्होंने मुझे कई नयी रेसिपी से लेकर बुनाई तक सिखाई। उनका बेटा अनुपम बहुत सभ्य और अच्छा लड़का था। पढ़ाई और खेल दोनों में अव्वल। उसकी नौकरी बाहर विदेश में लग गयी थी।

इसी बीच मेरा स्थानांतरण हो गया। सीधे महानगर पहुँच गयी। लो भई इसी की कमी थी। और घर की ज़िम्मेदारी भी आ गयी। मेरे सास ससुर बीमार पड़ गए और मेरा बहुत समय उनकी देखभाल और घर और ऑफ़िस के काम में बीत जाता। तीन चार वर्ष इतने उलझन में बीते की दोस्तों से संबंध टूट गया। मुझे लगता हैं हम सब की ज़िंदगी में एक समय ऐसा भी आता है। हूयमन साईकीलोजी भी बड़ी विचित्र है। अगर आप लोगों से कुछ वर्ष कट जाए तो लोग भी आप को भूल जाते हैं और आप इस अकेलेपन को ही इंजॉय करने लगते है। ख़ैर सास ससुर और बच्चोंकी ज़िम्मेदारी से फ़ारिग हुई तो पूरे पाँच साल बीत गए थे। मेरा वनवास पूरा हो गया था। एक बात आपको बताना चाहती हूँ। इस महानगर में भी मेरी दोस्ती चंद लोगों से काम भर की हो गयी थी। मेरे घर के पास में एक बड़ा सा पार्क था। मुझे कुछ दिनों से यह रिलाइज होने लगा था की मेरा बढ़ता हुआ वजन अब बेडौल लगने लगा है। सुबह हर वर्ग और उम्र की लोगों को चलते देख जोश आ गया और मैंने भी पार्क में जाना शुरू कर दिया। लगातार दो तीन महीने जाने से कुछ लोगों से दुआ सलामी भी होने लगी। और आनंद भी आने लगा। यह मौनिग वॉक का अजीब सा नशा होता है। अगर आपको आदत लग गयी तो आप जिस दिन जा नहीं पाते बड़ा तनाव में बीतता हैं। पास पड़ोसी भी उसी पार्क में जाते थे और ज़्यादातर लोगों से मेरी दोस्ती हो गयी थी। काम क़ाज़ी महिलाओं को इतना ही फ़्री टाइम से काम चलाना पड़ता हैं। मेरे पड़ोस में एक परिवार रहता था जो किसी से बिल्कुल मतलब नहीं रखता था। आजकल किसके पास वक्त हैं? अगर आप बात नहीं करना चाहते तो किसको इंट्रेस्ट। समय के साथ यह बहुत बड़ा फ़र्क़ आया है हमारी सोच में। हम अब किसी की बारे में जानकारी हासिल नहीं करना चाहते। इतनी प्राइवेसी सबको मिलती है। हाँ यह बताना चाहती हूँ कि मेरे फ़्लैट की खिड़की से उनका घर दिखता था। वह एक इंडिपेंडेंट घर था। एक दिन

बहुत ज़ोरों का शोर सुनायी दिया। मैंने खिड़की से झाँका। माँ-बेटी लड़ रही थी। इतनी बड़ी बात नहीं थी। जब बच्चे बड़े हो जाते है तो ओपिनियन का डिफ्रेन्स होता है। लेकिन मुझे अजीब इसलिये लगा क्यूँकि दोनों एक दूसरे को गालियाँ भी दे रही थी। अब यह अलग बात है की दोनों अंग्रेज़ी भाषा में दे रही थी। यह मेरे लिए थोड़ा डिस्टर्बिंग था। मैंने ऊँची आवाज़ में कभी भी अपनी माँ से बात नहीं करी थी और हमारी माँ ने भी कभी हमें अभद्र भाषा में डाँटा नहीं था। मेरे संस्कार इसको ऐक्सेप्ट नहीं करते हैं। ख़ैर थोड़ी देर बाद दोनों नार्मल हो गयी। अब मुझे यह फ़ैमिली कुछ अट्रैक्ट करने लगी थी। पता चला की मकान मालकिन का नाम इला मेहता है। उनके पति का नाम नरेंद्र बसु है। तीन बच्चे है। दो बेटे और एक बेटी। दोनों बेटे विदेश ही रहते थे। उनको सालो से किसी ने नहीं देखा। बेटी भी बाहर पढ़ने गयी थी लेकिन वापस आ गयी। शायद किसी बड़ी कम्पनी में काम करती है। फिर पता चला शादी हो गयी है लेकिन वापस आ गयी है। शादी कब और कहाँ हुई पड़ोसियों को नहीं पता। क्यूँकि परिवार किसी से बात नहीं करता है और न ही किसी को शादी में बुलाया था। मैंने कभी बसु साहेब को नहीं देखा। शायद उनकी घर में कोई दख़लंदाज़ी नहीं है या कोई उनको पूछता नहीं था। ऐसा परिवार मेरे किसी काम का नहीं इसलिए मैंने ऊब कर ताका-झांकी बंद कर दी। मुझे महसूस हुआ की मिसेज़ मेहता हम जैसे सामान्य लोगों को अपने बराबरी का नहीं समझती है। तो ना समझो। कौन से हम मरे जा रहे है। एक दिन मैं पार्क में वॉक कर रही थी। मैं अपने हिसाब से सही दिशा में थी। चूँकि आजकल मेरी वॉक का समय कुछ ज़्यादा बढ़ गया था मैं अपनी पूजा भी चलते चलते मन में कर लेती थी। अपनी धुन में थी तभी सामने से तेज गति से आती महिला से टकरा गयी। जब तक मैं अपने को बचा पाती हम एक दूसरे से लड़ गए और दोनों गिर पड़े। खुदा का शुक्र था चोटिल नहीं हुए। गलती मेरी नहीं थी। कारण मैं सही दिशा में चल रही थी। गलती उसकी थी। वह दूसरी तरफ़ से आ रही थी और राइट साइड की बजाय मेरे डारेक्शन में आ रही थी। फिर मोहतरमा अपना मोबाइल देख रही थी। क्यूँकि उस पार्क में विदेशों में रहने वाले ज़्यादातर लोग आते है मुझे लगता है इसी कारण डारेक्शन का कन्फ़्यूज़न रहता है। कुछ लोग तो उसे अपना गार्डेन समझते है। ग्रूप में बात करते हुए चलते है और पूरी ट्रैक घेर लेते है। बोलना पड़ता हैं की जगह दीजिए। बातों में इतने मस्त रहते है की इस

बात का ख़याल ही नहीं रहता है की दूसरे लोग भी वॉक कर रहे है। क्या बोला जाए? हमारे देश जैसी आजादी और कहाँ मिलेंगी? जब हम विदेशों में जाते है तो अनुशासित रहते है। शायद डर की वजह से। लेकिन अपने देश में तो हर बात का टशन है। हाँ तो मैं आपको उस दिन का क़िस्सा बता रही थी। मैं बहुत सभ्य महिला हूँ। किसी से पंगा नहीं लेती। और आदतन अपनी गलती न होने पर भी सॉरी बोल देती हूँ। अम्मा ने कूट-कूट कर जो बचपन से दिमाग़ में डाला हुआ है की बेटा पहले माफ़ी माँग लेने से छोटे नहीं हो जाते। तो जब हम दोनों टकराए और गिरे तो मेरे मुँह से ऑटमैटिक्ली निकला ओह! सॉरी। ऐसी स्थिति में कोई भी सभ्य आदमी या औरत होती तो वह भी सॉरी बोलती। लेकिन वह मैडम ने मुझे अंग्रेज़ी में गाली दे दी। और बोली 'यू बिच! डोनट यू नो हाउ टू वॉक?' दिस वुमन हैस सपोईल माइ कन्वर्शेसन। मैं तो अवाक् हो गयी। इतने साल बीत गए है मेरी ज़िंदगी के, पर मैंने न कभी किसी को गाली दी है और न किसी ने मुझे। हमारे घर में यह बिच शब्द तो कभी बोला ही नहीं गया। आजकल देखती हूँ की बच्चे प्यार में एक दूसरे को इसी से सम्बोधित करते है। यह गाली सुनकर एक मिनट तो मुझे समझ नहीं आया की कैसे रीऐक्ट करूँ। तब तक मेरे पीछे एक पचीस छब्बीस साल का लड़का भी वॉक कर रहा था। वह रुक गया था जब हम दोनों गिरे थे। उसने भी सुना। मैंने महसूस करा है मुझे भी पवनपुत्र हनुमानजी की तरह याद कराना पड़ता है क़ि मुझमें भी कुछ करने का जज़्बा है। जब उस भले लड़के ने उस महिला की तरफ़ मुख़ातिब करके बोला—मैडम यूँ आर एट फ़ाल्ट। तब मुझे होश आया। बहुत क्रोध आया। मैंने बस इतना ही बोला—मान्ड योर लैंग्वेज'। जब उसे लगा क़ि यहाँ लोग मेरे साथ है। वह बिना बोले ही जल्दी जल्दी कदम तेज कर निकल गयी। मेरा भी काफ़ी मूड ख़राब हो गया था। मैं भी घर की तरफ़ बढ़ गयी। कुछ देर बाद मुझे ख़्याल आया की यह महिला मेरी पड़ोसन इला मेहता थी।

इसी बीच मुझे किसी काम से अपने पुराने शहर जाना पड़ा। पूरे पाँच साल बाद जाना हुआ। मैंने सोचा पहले गेस्ट हाउस में समान रख लोगी फिर अपना काम निबटा कर दोस्तों से मुलाक़ात करूँगी। तो मैंने जल्दी से अपना काम पूरा करा और पहुँच गयी कामना के घर। ज़ाहिर है हम दोनों बहुत खुश हुए। कितनी बातें करनी थी। कामना ने गेस्ट हाउस चलकर मेरा समान उठाया और अपने घर

ले आयी। अचानक कामना ने मुझसे पूछा तुम्हें मिसेज़ दुबे के बारे में तो पता होगा। मैं थोड़ा डर गयी। नहीं क्या हुआ? कामना बोली—क्या तेरा कोई सम्पर्क नहीं है उनसे? मैंने तो सोचा था तूँ अनुपम की शादी में गयी होगी। तेरे शहर की ही तो लड़की है। मैंने उसे बताया की जब से मेरा ट्रान्स्फ़र हुआ मेरी किसी से कोई बात नहीं हो पायी। फिर अपनी व्यस्तता के बारे में भी बताया। पता नहीं मुझे ऐसा लगा मुझे मिसेज़ दुबे ने मुझे अपने बेटे की शादी में नहीं बुलाया यह सुनकर कामना कुछ आश्वस्त हुई। शायद मिसेज़ दुबे की मेरे से ज़्यादा नज़दीकियाँ उसे कही न कही हर्ट कर गयी थी। मैं समझ सकती हो उसकी मन की बात। कामना ने ही मुझे उनसे मिलवाया था। मुझे कभी इस बात से फ़रक नहीं पड़ता हैं। हर व्यक्ति का रिश्ता हर एक से अलग धरातल पर होता है। यह इस बात पर निर्भर करता है की आपकी मेंटल वेबलेन्थ उस व्यक्ति के साथ कैसी है। हाँ तो कामना ने मुझे जो बताया उसको सुनकर मेरा दिल भर आया। कामना बोली चलो उनके घर चलते है। तुझे देख कर ख़ुश हो जाएगी। मुझे भी बहुत मिलने का मन था। कामना ने उन्हें फ़ोन करके पूछा क़ि वह फ़्री है तो वह आना चाहती है। उन्होंने हामी भर ली। कामना ने कहा की मेरे बारे में नहीं बताएगी। सर्प्राइज़ देगें। तो मैं और कामना उनके घर पहुँच गए। गर्मियाँ शुरू हो गयी थी। मौसम लेकिन अच्छा था। शाम के चार बजे के क़रीब हम दोनों उनके घर पहुँच गये। मिसेज़ दुबे का घर काफ़ी बड़ा था। अगर मैं कहूँ घर नहीं एक बंगला था तो ज़्यादा सही होगा। आगे बड़ा सा लॉन और पीछे किचन गार्डेन। हर क़िस्म के फल के पेड़ लगे हुए थे। मार्च का आख़िरी सप्ताह था। होली का त्योहार बीत चुका था। जाड़े के मौसमी फूल लॉन की शोभा बढ़ा रहे थे। रंग बिरंगी तितलियाँ आज़ादी से उड़ रही थी। लॉन के कोने में एक फ़ाऊनटेन था। बहुत तरह के पक्षी उस पर बैठ कर स्नान कर रहे थे। इतना सुकून आजकल दुर्लभ ही है। मैं जब तक इस सौंदर्य को निहार रही थी तब तक कामना ने घंटी बजा दी थी। मेरे और कामना में यही अंतर है। प्रकृति मुझे बहुत आकर्षित करती है। कामना को नहीं। ख़ैर दरवाज़ा खुला। किसी सेवक ने खोला था। हम दोनों को ड्रॉइंग रूम में बैठा कर वह ग़ायब हो गया। दो मिनट बाद ही मिसेज़ दुबे ने प्रवेश करा। वही मधुर मुस्कान। लेकिन थोड़ा उम्रदार लगने लगी थी। थोड़ी कमजोर भी लगी। कामना से गले मिली। अभी उन्होंने मुझे नहीं देखा था। फिर मेरी तरफ मुख़ातिब हुई।

एक मिनट लगा उन्हें मुझे पहचानने में। लेकिन जैसे ही पहचाना बहुत ज़ोर से चिल्लायी। ख़ुशी के मारे उन्होंने मुझे गले लगा लिया। आँखो से आँसू बहने लगे। मेरी भी आँखें नम हो गयी। मुझे बहुत मुश्किल से रोना आता है। कह सकते हैं मैं इमोशंस शो नहीं कर पाती। मिसेज़ दुबे बोली तुम कहाँ खो गयी थी। कामना बोली—'कैसा लगा सर्प्राइज़? वह बोली बहुत अच्छा। मेरी घर ग्रहस्ती के बारे में उन्होंने पूरी जानकारी ली। तभी कामना का फ़ोन आ गया। उसके बेटे का था। उसकी कॉलेज की बस आज नहीं चल रही थी और कोई कन्वेयन्स उसे नहीं मिल रहा था। कामना बोली—ठीक है। मैं लेने आती हूँ। मिसेज़ दुबे का मुँह उतर गया। कामना बोली तुम लोग बैठो। मैं बेटे को लेकर घर छोड़ कर आती हूँ। यह तय हुआ की अगर कामना नहीं आ पाएगी तो मिसेज़ दुबे मुझे ड्रॉप करा देगी। सच पूँछों तो मुझे बहुत ख़ुशी हुई। मुझे बहुत सारी बातें करनी थी जो कामना के सामने मैं नहीं कर पा रही थी।

कामना के जाते ही मैंने पूछा—दीदी आपकी तबियत ठीक तो है। वह बोली हाँ अब मैं बहुत सँभल गयी हूँ। तुझे कामना ने बताया होगा। मैंने कहाँ थोड़ा बहुत बताया। लेकिन ऐसा क्या हुआ। वह बोली चलो बेडरूम में बैठते है। तुम्हें विस्तार से बताती हूँ। हम जाकर बेडरूम में बैठ गए। उन्होंने कमरा अंदर से बंद कर दिया। मैंने पूछा अनुपम के क्या हाल है। वह बोली बस मुझे यही एक दुःख साल रहा है। अनुपम बहुत परेशान है। मुझे जो कुछ उन्होंने बताया मेरे तो होश उड़ गए। आप भी सुन लीजिये।

अनुपम दीदी का इकलौता बेटा है। बहुत नाज़ों से पला। वह बहुत हैनडसम था। और बहुत वेल मैनर्ड। पढ़ने में भी बहुत अच्छा। आईआईटी दिल्ली से उसने कम्प्यूटर साइयन्स में इन्जीनियरिंग करके नौकरी शुरू करी। फिर हॉर्वर्ड से एमबीए करके वापस आया। दुबे दम्पति को किसी चीज़ की कमी नहीं थी। बहुत संस्कारी परिवार था। बस उनका एक ही सपना था एक सुन्दर और सुशील लड़की बहु बन कर आ जाए। मैं मिसेज़ दुबे से कहती थी अगर मेरी बेटी उम्र में अनुपम से इतनी छोटी न होती तो मैं उनके बेटे अनुपम को अपना दामाद बना लेती। दीदी मेरी बातों पर खूब हंसती। भारत में अभी भी हर माँ का एक ही सपना होता हैं बेटा या बेटी की शादी धूम धाम से हो। हमारा पूरा जीवन ही बच्चों के इर्द गिर्द बीत जाता है। मिसेज़ दुबे कहती अनुपम को कोई लड़की पसंद नहीं आती हैं।

फिर मेरा ट्रान्स्फ़र हो गया था और इन पाँच सालो में क्या हुआ मुझे कुछ नहीं पता। दीदी ने बताया की इसी बीच अनुपम को एक लड़की पसंद आ गयी। पढ़ी लिखी थी और नौकरी करती थी। शायद मुलाक़ात किसी कॉमन फ़्रेंड्ज़ के यहाँ हुई थी। जब उसके पैरेंट्स को पता चला तो वह बहुत ख़ुश हुए। लड़की ने अभी हाँ करी नहीं थी इसलिए अनुपम अपने ममी पापा को उसके पैरेंट्स से मिला नहीं रहा था। यह सिलसिला एक साल चला। अचानक एक दिन अनुपम ने घरवालो को बताया की वह और सलोनी शादी कर रहे है। और दोनों शादी करके आ गए। न परिवार मिले और न कुछ सेरेमेनी हुई। मिसेज़ दुबे को बहुत बुरा लगा। अनुपम ने शादी के बाद अलग घर में रहने का फ़ैसला कर लिया। एक महीने बाद दोनों दूसरे घर में शिफ़्ट हो गए। चलो कोई बात नहीं। मिसेज़ दुबे इसी बात से ख़ुश थी की अनुपम ने शादी कर ली है। वैसे भी मिसेज़ दुबे की अपनी सोशल लाइफ़ थी। पैसों की कमी नहीं थी और वह और उनके पति की अच्छी दोस्ती थी। मिसेज़ दुबे बहुत सुससंस्कृत महिला थी। उन्होंने कोई ड्रामा नहीं करा और अपनी लाइफ़ में मस्त हो गयी। कुछ दिन बाद अनुपम की सास उसके पास आ गयी। और फिर अनुपम को पता चला की उसने ग़लत जगह शादी कर ली है। अब सलोनी और उसकी माँ ने ग़दर कर दी। सलोनी गालियों से बात करती और कोई बात न भी हो तो इशू बना लेती। अनुपम का खाना पीना सोना सब बहाल हो गया। माँ बेटी बहुत विचित्र थी। अगर अनुपम ने ज़रा सा कोई चीज़ के लिए मना कर दिया तो संग्राम हो जाता। अनुपम को उसके घर जाने नहीं देती। सलोनी को कोई मेंटल प्रॉब्लम थी। वह उसको ब्लैक्मेल करती की वह आत्महत्या कर लेगी और उसको फँसा देगी। एक दिन तो हद हो गयी। उसकी सास वापस अपने घर चली गयी थी। अनुपम को ऑफ़िस से आने में देर हो गयी। इस बीच सलोनी ने उसके ऑफ़िस में सबको फ़ोन कर दिया। यहाँ तक उसकी माँ से भी फ़ोन में गालियों से बात करी। मिसेज़ दुबे बोली उस दिन मुझे पता चला कि अनुपम की लाइफ़ में कुछ प्रॉब्लम हैं। वह बोली मुझे बहुत घबराहट होने लगी। उन्होंने कांटैक्ट करने की कोशिश करी लेकिन अनुपम से बात नहीं हो पा रही थी। जैसे ही अनुपम घर पहुँचा उसकी माँ का फ़ोन आ गया। असल में उस दिन काम की वजह से अनुपम का मोबाइल साइलेंट मोड में था। उसकी माँ की आवाज़ सुनकर सलोनी बहुत चिड़ गयी। उसने अनुपम को ज़ोर से ग़ुस्से में धक्का दिया। अनुपम

का बैलेन्स बिगड़ गया और उसका सिर दीवार से जा टकराया। फिर सलोनी ने चीखना शुरू कर दिया। अनुपम को भी ग़ुस्सा आ गया और उसने उसे एक थप्पड़ मार दिया। बस उसी समय सलोनी ने अपनी माँ को फ़ोन कर दिया। माँ ने उससे कहाँ की आज इसको सबक़ सिखा दो। सलोनी ने फिर अनुपम को इतने ज़ोर से लात मारी की वह गिर पड़ा। किसी तरह रात बीती और दूसरे दिन अनुपम अपने घर आ गया। उसके माँ पिता उसकी हालत देखकर सकते में आ गए। सलोनी चुप नहीं बैठी। वह वापस अपने घर चली गयी और उसने दुबे परिवार पर दहेज उत्पीड़न का केस कर दिया। पूरा परिवार अरेस्ट हो गया। मेरी तो कहानी सुनकर होश उड़ गए। फिर क्या हुआ? मैंने पूछा। वह बोली जब सब रास्ते बंद हो जाते है तो भगवान सहायता करता है। हुआ यह कि जब अनुपम दूसरे घर में शिफ़्ट हुआ था तों उसने सीसीटीवी (CCTV) कैमरा पूरे घर में लगवा दिया था। यह सोच कर की कभी सलोनी को अकेला रहना पड़ सकता है। यही फ़ुटिज ने दुबे परिवार को बचाया। अब? वह बोली एक करोड़ देकर पीछा छूटा। एक फ़्लैट और गहने भी दिए। अब डिवोर्स मिल गया है। लेकिन इन सब बातों ने अनुपम को बिल्कुल ख़त्म कर दिया। मैंने पूछा आप को पता नहीं चल पाया था। वह बोलीं मैं तुम्हें उसकी फ़ोटो दिखाती हो। देख कर बताओ क्या कोई सूरत देखकर कह सकता है की ऐसी निकलेगी। मैंने फ़ोटो देखी तो अवाक हो गयी। यह तो मेरे पड़ोस वाला परिवार था। मैंने उन्हें बताया। वह बोली मैं ईश्वर का धन्यवाद करती हूँ की मेरा बेटा बच गया।

काफ़ी रात हो गयी थी जब मिसेज़ दुबे ने मुझे कामना के घर वापस छोड़ा। मैं रात भर सो नहीं पायी। लगा अगर मैं मिसेज़ दुबे के परिवार को जानती नहीं होती तो यही सोचती की इस लड़की के साथ कितना बुरा हुआ। दो दिन बाद मैं अपने घर वापस पहुँची। पति महोदय ने उतरी हुई शक्ल देखकर टोका 'क्या हुआ? मुँह क्यूँ इतना उतरा हुआ है? 'मैंने पूरी दास्तान बया करी। वह भी हतप्रभ हो गये। बोले अभी तक तो बेटियों की चिंता रहती थी की अच्छा परिवार मिले। यह सुनने के बाद तो बेटों की भी चिंता शुरू हो गयी। थोड़ा सोच कर बोले लड़की से पहले उसका परिवार कैसा है यह देखना बहुत ज़रूरी है। अगर सुसंस्कृत परिवार है तो बच्चों को कभी ग़लत बातें नहीं सिखाएँगे। सही तो कहा। मुझे अपने शादी के बाद के शुरू के दिन याद आ गये। जब कभी मुझे ग़ुस्सा आता और मैं

अपनी माँ से शिकायत करती तों वह मुझे ही समझाती। अब लगता है की अगर माँ बाप सही रास्ता न दिखाए तो शायद शादियाँ टूट ही जाए। मेरे पति ने कहाँ हमें अपने बच्चों पर थोड़ा इन सब संस्कारों पर भी ध्यान देने की ज़रूरत है। लगा सही कह रहे है। पढ़ाई और कैरियर अहम मुद्दे है लेकिन पेशेन्स और अजस्ट्मेंट सीखना भी ज़रूरी है। मुझे लगा इस पूरी जंग में बेचारे शरीफ़ लोग ही फँसते है। सीधी लड़कियाँ और उनके माँ-बाप जुल्म सहते है तो सीधे लड़के और उनके अभिभावक भी झेलते है। आजकल बहुत सारी लड़कियाँ भी ग़लत इल्ज़ाम लगा देती है। इस मामले में क़ानून थोड़ा एक तरफ़ा है।

मेरे दिमाग़ में कीड़ा है। मैं कोई बात को फ़ेस वैल्यू में नहीं लेती। मुझे ख़याल आया की हो सकता है जिस अनुपम को मैं जानती थी उस अनुपम में और आज के अनुपम में कुछ अंतर हो। लोग कई बार जो दिखते है वह वास्तव में होते नही। क्यूँकि सलोनी का घर मेरे घर के बग़ल में था और मेरी खिड़की से उसका घर दिखता था मैंने नज़र रखनी शुरू कर दी। मुझे जिज्ञासा हो रही थी की पढ़ी लिखी लड़की ऐसा कैसे कर सकती है। यह रेज़िडेइनसियल कॉलोनी बहुत पॉश थी। हम तो सरकारी कॉलोनी में रहते थे लेकिन बाक़ी जो लोग भी यहाँ रहते थे वह पैसे वाले लोग थे। मैंने उस परिवार पर नज़र रखनी शुरू करी। अक्सर उनके घर से लड़ने की आवाज़ आती। बस लड़ते अंग्रेज़ी भाषा में थे और गालियों का भरपूर प्रयोग करते है। मैंने देखा उन लोगों का उठने और सोने का समय फ़िक्स्ड नहीं है। एक दिन बहुत ज़ोर की आवाज़ सुनायी दी। मैंने धीरे से अपनी खिड़की खोली तो देखा माँ अपने पति को पीट रही है और बेटी आराम से चाय पी रही है। अब समझ में आ गया की माँ पूरी कर्कशा है। फिर धीरे धीरे और पड़ोसियों से पता चला की कोई भी उनसे बात नहीं करता। कई सारी कहानियाँ उस परिवार के बारे में सुनने को आयीं। मुझे अब यक़ीन हो गया था। अनुपम ग़लत जगह दिल दे बैठा था।

मिसेज़ दुबे से मेरी बात होती रहती है। उन्होंने बताया की उन्होंने अनुपम की शादी एक मध्यम आयवर्ग के पढ़े-लिखे परिवार की लड़की से कर दी है। सब ख़ुश है। लड़की संस्कारी और मृदु स्वभाव की है। मुझे सुनकर बहुत अच्छा लगा। सब भला जब अंत भला।

इस बात को तीन साल हो गए है। अनुपम की प्यारी सी एक बेटी है। सब

ख़ुशी ख़ुशी साथ रहते है। पता चला कि सलोनी ने अनुपम से कई बार बात करने की कोशिश करी थी। शायद उसे लगा था की अनुपम उसके जुल्म सहकर भी उससे अलग नहीं होगा। अनुपम ने कोई बात नहीं करी। अब वह वापस विदेश चली गयी है। जैसा कि मैंने आपको बताया था उसके दो भाई भी विदेश ही बस गए है। किसी को मैंने कभी आते नहीं देखा। उसकी माँ और पिता उसी घर में रह रहे है। ख़ैर मैंने भी ताकना-झांकना अब छोड़ दिया था। कोई फ़ायदा नहीं था। और कोई औचित्य भी नहीं था।

इसी बीच हम सपरिवार रिश्तेदार की बेटी की शादी में यूसऐ (USA) गए। बहुत धूम धाम से विवाह हुआ। पूरी रीति रिवाजों के साथ। शायद विदेशो में रहने वाले भारतीय समुदाय के लोग ज़्यादा देश की संस्कृति और परम्परा का ख़याल रखते है। बहुत से लोगों के साथ परिचय हुआ। शादी निपटने के बाद एक दिन दीदी बोली चलो तुम्हें अपनी सहेली के घर ले चलूँ। वह विवाह में शामिल नहीं हो पायी थी क्यूँकि उसके पति की उसी हफ़्ते बाईपास सर्जरी हुई थी। बोली मैं भी शादी की दौड़-धूप के कारण उनको देखने नहीं जा पायी थी। देख भी आयेंगे और कुछ मिठाई-नमकीन भी दे आयेंगे। मैं उनके साथ जाने को तुरंत तैयार हो गयी। दीदी ने अपनी इस सखी के बारे में बहुत कुछ बताया था। दोनों बहुत घनिष्ठ मित्र थी। तो हम दोनों उनकी सखी इरा के घर पहुँच गए। बहुत सुंदर तरीक़े से घर की सजावट करी गयी थी। घर एक मंदिर जैसा लग रहा था। मैंने दीदी से कहा आप ने बहुत अच्छा करा जो मुझे मिलवाने ले आयी। इरा दी ने अंग्रेज़ी साहित्य में पोस्ट ग्रैजूएशन दिल्ली युनिवरसिटी से करा था। फिर उनकी शादी एक भारतीय मूल के डॉक्टर जो विदेश में थे उनसे हो गयी और वह भी विदेश में जाकर बस गयी। मुझे बहुत मृदु और शालीन महिला लगी। मेरी उनसे दोस्ती तुरन्त हो गयी। बातों ही बातों में उन्होंने मुझसे पूछा की मैं कहाँ रहती हूँ। मैंने उन्हें अपने बारे में जानकारी दी और घर की लोकेशन भी बतायी। सुनकर वह कुछ देर बाद बोली तुम्हारे फ़्लैट के बग़ल में ही मेरी छोटी बहन का मकान है। मैंने नाम पूछा तो उन्होंने बताया इला मेहता। मैं तो सकते में आ गयी। उन्होंने पूछा क्या तुम उसको जानती हूँ। मैंने कहा—नहीं कोई बातचीत नहीं है। वह बोलीं इला तो वैसे भी सिरफिरी है। फिर बोली एक बात पूछना चाहती हूँ। क्या तुम्हें कुछ पता है उसकी बेटी की शादी के बारे में? मुझे समझ नहीं आया क्या

बोलूँ। वह खुद ही बोल पड़ी। इला किसी से मतलब नहीं रखती है। मुझसे तो बात नहीं करती है क्यूँकि मुझे उसके तौर-तरीक़े बिल्कुल पसंद नही। मुझे बहुत अफ़सोस होता है की उसने अपनी बेटी की भी ज़िंदगी अपने अहम और बुरी आदतों की वजह से बर्बाद कर दी है। उसने अपने पति को बहुत सताया है। बेंटो ने भी नाता तोड़ लिया है। मेरे पास आते है। इला इस बात से बहुत मुझसे ख़फ़ा रहती है। उसे लगता है मैंने उसके बेंटो को बरगलाया है। यह सब सुनने के बाद मुझे लगा दोनों बहनें बिल्कुल अलग स्वभाव की है। फिर मैंने उन्हें पूरी दास्तान सुनायी। सब सुनकर वह बहुत दुखी हो गयी। उन्होंने बताया इला बचपन से बहुत बदमिज़ाज थी। पढ़ने में तेज थी लेकिन आधुनिक बनने के चक्कर में वह अलग रास्ते चल पड़ी। उसने शादी अपनी मर्ज़ी से करी थी लेकिन दोनों की बनी नही। साथ रहते है लेकिन लड़ते ही रहते है। इला ने अपनी बेटी को भी अपने जैसा ही बना दिया है। वह बेटी को बहुत प्यार करती है। शायद बेटी उसका इमोशनल सपोर्ट है। मुझे तो यही डर था कि वह अपनी बेटी के बिना रह नहीं पाएंगी और उसके लाइफ़ में ज़रूर दख़ल करेगी। सब कुछ जानने के बाद मुझे विश्वास हो गया की माँ की वजह से ही सलोनी ने अनुपम के साथ ऐसा बर्ताव करा। अक्सर देखा है जो माँऐ अपने बच्चों की लाइफ़ में उनकी शादी के बाद ज़्यादा दख़ल करती है वहाँ ज़रूर दिक़्क़तें आती है।

इला मेहता एक कर्कशा स्त्री की श्रेणी में आती है। इला के स्वभाव में कोई परिवर्तन नहीं आया। कितनी लोगों को उसने कष्ट पहुँचाया। क्या आपको लगता है वह अपने को कभी दोषी मानती होगी? मुझे नहीं लगता। माँ भी कई प्रकार की होती हैं। इला मेहता जैसी माँ अपने बच्चों की सबसे बड़ी दुश्मन होती है। इला ने अपनी बेटी का ही घर तबाह कर दिया। मुझे लगता है कभी सलोनी को अहसास ज़रूर होगा की उसने एक सीधे साधे परिवार को कितना तंग करा। हर मनुष्य को अपने कर्मों का हिसाब देना पड़ता है।

उफ़ उनकी अदा

आज नीरा का माथा बहुत गरम था। उसे अपने ऊपर बहुत ग़ुस्सा आ रहा था। वह यही सोच रही थी क्या जरूरत थी उसे उस नकचढ़ी के पास जाने की। उसने कई बार अपने को कोसा। और फिर प्रण करा की आइंदा से उससे बिल्कुल कोई लेना देना नहीं रखेगी। ऐसा अक्सर होता हैं उसके साथ अच्छी बनने के चक्कर में। एक तो मई महीने की गरमी। गरम हवा के थपेड़े पड़ रहे थे। ऊपर से आत्म ग्लानि से मिज़ाज गरम। घर पहुँच कर नीरा ने बाहर चप्पल उतारी। पैर जल गए। जल्दी से कमरे का ताला खोला और पंखा ऑन करा। पंखे ने गरम हवा फेंकना शुरू कर दिया। ठंडा पानी पीने के बाद जान में जान आयी।

आप सोच रहे होगे की मैं क्या राग अलाप रही हूँ। गलती मेरी है। पहले मुझे पूरी बात बतानी चाहिये थी। फिर नीरा के ग़ुस्से का बखान करना चाहिये था। नीरा की एक पोस्ट ग्रैजूएट कालेज में दो महीने पहले ही नियुक्ति हुई थी। वह प्रोबेशन में हैं। नियुक्ति अस्थायी हैं। नीरा से मेरी दोस्ती यूनिवर्सिटी की लाइब्रेरी में हुई थी। हम दोनों को ही पढ़ने का शौक़ था और अक्सर हम तब तक पढ़ते रहते जब तक लाइब्रेरी बंद होने की घंटी न बजती। नीरा की कहानी संघर्षों की कहानी थी। उसके पिता एक किसान थे। घर में छोटे दो भाईं और दो बहने थी। पिता खेती करते थे और आमदनी कोई बहुत अधिक नहीं थी। नीरा को पढ़ने की बहुत चाह थी। उसके पिता भी चाहते थे की बेटी को जितना वह चाहती है उतना पढ़ायें। नीरा ने क़स्बे से ही ग्रैजूएशन किया था। और फिर आगे पढ़ने वह शहर आ गयी थी। हमेशा टॉप करने से पढ़ाई वजीफ़े से हुई। नीरा को पीएचडी (Phd) में दाख़िला मिल गया। भाग्य ने साथ दिया और अस्थायी लेक्चरर के पद में एक पोस्ट ग्रैजूएट कॉलेज में नियुक्ति हो गयी। ज़िंदगी ख़ुशनुमा हो गयी। लेकिन गर्ल्ज़ हॉस्टल ख़ाली करना पड़ा। रहने के लिए कमरा खोजना अकेली

लड़की के लिए नब्भे के दशक में आसान नहीं था। मैं अकेली रहती थी। मेरी भी नियुक्ति लेक्चरर के पद में हो गयी थीं। नीरा मुझसे जूनीयर थी। मैं अपने रिश्तेदार के घर की अनेक्सी में रहती थी। मैंने नीरा को भी वही रख लिया जब तक उसको कोई दूसरा घर नहीं मिल रहा था। चाबी दोनों के पास रहती थी। बस मेरी एक शर्त थी जो उसने सहर्ष मान ली थी। कोई भी पुरुष मित्र को घर में नहीं बुलाना है और घर साफ़ रहना चाहिए। इस मामले में मैं थोड़ी सनकी थी। गंदा और बेतरतीब घर मुझे पसंद नहीं था। मीरा साफ़ सुथरी इंसान थी और हम दोनों साथ रहकर ख़ुश थे।

अब उस दिन की घटना बताती हूँ। हुआ यूँ कि नीरा मेरे डिपार्टमेंट आयी थी। वहाँ मेरी सीन्यर मिस उन्नति ने उसे कुछ बोल दिया। क्या बोला यह तो घर आने पर पता चला। मिस उन्नति बहुत ही खूबसूरत और डिपार्टमेंट की शान थी। उनके जलवे ऐसे थे की जब कभी वह क्लास लेती थी तो दूसरे डिपार्टमेंट के लड़के भी उनकी क्लास पहुँच जाते थे। वह जितनी स्मार्ट और सुन्दर थी उतनी ही नकचढ़ी भी थी। कई बार लगता है कुछ लोग ईश्वर से इत्मिनान से सब कुछ लेकर धरती में आते है। या उनके पूर्व जन्म के कर्म अच्छे होते हैं। नीरा उनसे बहुत हड़कती थी। कहती दीदी भगवान ने मिस उन्नति को छप्पर फाड़ कर दिया है। सौंदर्य, ऐश्वर्य, और दिमाग़।। उन्नति के पिता बहुत बड़े इंडस्ट्रीयलिस्ट थे। और राजनीति में काफ़ी सक्रिय। सुना जा रहा था सब पार्टी उनको अपने साथ रखना चाहती थी। उन्नति उनकी इकलौती संतान थी। ज़ाहिर था की मैडम किसी को घास नहीं डालती थी। मेरे से संबंध ठीक थे। मैं उनसे केवल मतलब की बातें करती थी और वह मुझे रेस्पेक्ट करती थी। नीरा को वह थोड़ा गंवार समझती थी। उस दिन वह किसी के साथ बात कर रही थी और नीरा ने कुछ बोल दिया। बस मिस उन्नति भड़क गयी और नीरा को बुरी तरह डाट दिया। इसीलिए नीरा इतनी चटी हुई थी। पूरी बात जानने के बाद मैंने नीरा से कहा की गलती उसकी भी है। एक तो मिस उन्नति उससे बहुत सीनियर है और उसको बीच में नहीं बोलना चाहिए था। यह एटिकेटस के अगेन्स्ट है। कुछ देर बाद नीरा ने भी रिलाइज करा की उससे गलती हुई है। लेकिन मिस उन्नति ने भी उस दिन कुछ ओवर रीऐक्ट कर दिया था। कोई कोई दिन सब कुछ गड़बड़ ही होता हैं।

ख़ैर मैं आपको उन्नति की क़िस्मत के बारे में बता रही थी। उन्नति मैडम

का फ़ैन क्लब बहुत बड़ा था। क्या प्रोफ़ेसर क्या स्टूडेंट सब लाइन में खड़े दिखते। अक्सर कॉलेज में थोड़े लोग ही जेन्यूयन स्टूडेंट होते है। कुछ तो अंकल की कैटेगरी में आ गए थे लेकिन बेचारे पढ़ाई नहीं छोड़ पा रहे थे। उम्र बढ़ती ही जा रही थी लेकिन कॉलेज का मोह छूट नहीं रहा था। ऐसे चंद लोग पॉलिटिक्स करते दिखते या कुछ तो हॉस्टल में रह रहे थे लेकिन ठेकेदारी भी कर रहे थे। जहां तक लड़कियों का सवाल था वह मिस उन्नति के कपड़े और स्टाइल पर ही फ़िदा रहती थी। और उनसे घबरातीं थी। मिस उन्नति ग़ज़ब की अच्छी वक्ता थी। अपने विषय पर उनको मास्टरी थी। तो कुल मिलाकर मैडम पूरा पैकिज थी। मैं थोड़े समय ही उनके सम्पर्क पर रही। मेरा सिलेक्शन बाहर की यूनिवर्सिटी में एक प्रोजेक्ट में हो गया और मैं देश छोड़कर चली गयी। कुछ दिन तो नीरा से सम्पर्क रहा और फिर वह भी छूट गया। बाहर जाना सरल है लेकिन वहाँ सर्ववाइव करना कठिन। मुझे पाँच साल लग गये अपना मुक़ाम हासिल करने में। इन पाँच सालो में मैंने कड़ी मेहनत करी। जब मेरा एक अच्छी यूनिवर्सिटी में असिस्टेंट प्रोफ़ेसर के पद पर नियुक्ति हो गयी तब जाकर मैं पहली बार छुट्टी लेकर भारत अपने घर आयी। जैसे ही शहर की ज़मीन पर कदम रखा सब कुछ याद आने लगा। दो दिन आराम करने के बाद मैं कॉलेज चली गयी नीरा से मिलने। इन पाँच सालो में उसने बहुत कुछ हासिल कर लिया था। अपनी थीसस पूरी करी। नौकरी पक्की करी। अपने लिए लड़का ढूँढा और शादी कर ली। मुझसे मिलकर बहुत ख़ुश हुई और अपने घर ले गयी। कैम्पस में ही घर अलॉट हो गया था। सच कहूँ उसे देखकर बहुत ख़ुशी हुई। नीरा ने अपनी ज़िंदगी को अच्छे से सेट कर लिया था। अचानक मुझे मिस उन्नति की याद आयी। थोड़ा मन भी करा की अपना डिपार्टमेंट देख आऊँ और पूराने लोगों से मिल आऊँ। नीरा को मैं अपने घर आने का न्योता देकर निकल पड़ी। मेरे माता पिता रिटायर होने के बाद उसी शहर में रहने लगे थे। जिन दिनों मेरी नीरा से मुलाक़ात हुई थी मेरे पिताजी का ट्रांसफ़र दूसरे स्थान हो गया था इसीलिए मुझे कमरा लेकर रहना पड़ रहा था।

नीरा के घर से मैं अपने पुराने डिपार्टमेंट की तरफ चल दी। इन पाँच सालों में बहुत कुछ बदल गया था। बिल्डिंग थोड़ी पुरानी दिख रही थी। शायद पिछले कई सालों की बरसात ने पेंट को बदरंग कर दिया था। लॉन की घास बड़ी हो गयी थी। ज़्यादातर पेड़ इन पाँच सालो में काफ़ी फैल गये थे। सब कुछ पराया

सा लग रहा था। मैंने सोचा विदेश से लौटने के बाद ऐसा ही लगता है। वहाँ की साफ़ सुथरी सड़के और क़रीने से सजी बिल्डिंज़ देखने के बाद कुछ दिन हम भारतीय उसी सिन्ड्रोम में रहते है। डिपार्टमेंट पहुँची। फिर ख़याल आया की मैं इन पाँच सालों में ठीक से तैयार होना भी भूल गयी हूँ। पैंट और शर्ट में ही आ गयी थी। बाल भी लड़कों जैसे छोटे करवा लिए थे। वह तो चश्मे की वजह से थोड़ी पढ़ी लिखी प्रोफ़ेसर जैसे लगने लगी थी। लेकिन इस बदले लिबास में भी मुझे डिपार्टमेंट का चपरासी पहचान गया। वह भी बूढ़ा हो गया था। लगा शायद हर पाँच साल में हर कोई में बदलाव आता है। कुछ में कम कुछ में ज़्यादा। झूठ नहीं बोलूँगी मुझे मिस उन्नति से मिलने का बहुत मन था। शायद यह जानने की उत्सुकता थी उसमें कोई बदलाव आया की नहीं। चपरासी से पूछा। मिस उन्नति आयीं हैं। बोला हाँ। अपने रूम में है। मैंने फिर पूछा कोई है? वह बोला अरे! त्रिपाठीजी होंगे। आप चले जाइये। मैं कुछ सोच में पड़ गयी। ऐसे रूम में जाना ठीक नहीं लगेगा। बैग से मैंने अपना कार्ड निकाला और उसे पकड़ा कर कहा—इसे दे आओ। वह दरवाज़ा में दस्तक देकर रुका। शायद अन्दर से आवाज़ आयी। वह भीतर घुसा और फिर बाहर आया। बोला आप जाये। मैडम बुला रही है। उसके चेहरे में कोई भाव नहीं थे। मुझे कुछ अटपटा लगा। याद आया पाँच साल पहले इसी चपरासी की हिम्मत नहीं होती थी मिस उन्नति के बारे में ऐसे बोलने की। ख़ैर मैंने दरवाज़े में दस्तक दी। आवाज़ आयी 'कम इन'। मैंने दरवाज़ा खोला और अंदर प्रविष्ट हुई। मिस उन्नति और मिस्टर त्रिपाठी एक सोफ़े में साथ बैठे थे। मुझे देखकर दोनों उठ गए। मिस उन्नति ने बहुत आत्मीयता से मुझे गले लगाया और बोली—'वट अ प्लेज़ंट सर्प्राइज़? सो गुड टू सी यू। मुझे बैठने का इशारा कर के पूछा क्या लोगी? मैंने कहाँ अगर ब्लैक कॉफ़ी मिल जाए तो अच्छा है नहीं तो कुछ भी चलेगा। मिस्टर त्रिपाठी ने घंटी बजायी और चपरासी को एक ब्लैक कॉफ़ी और दो ब्लैक चाय लाने के लिए कहा। हमारी काफ़ी अच्छी तरह बातें हुई। मिस उन्नति ने मेरे स्टे के बारे में जानकारी ली और फिर अपने घर डिनर का न्योता भी दिया। आधा घंटा बैठने के बाद मैं चलने को उठीं।

मुझे पता है अब तक आप लोगों के पेट में दर्द होने लगा होगा। बताती हूँ। ज़रा सास तो ले लूँ। सच बोलूँ? मुझे धक्का लगा। मिस उन्नति बहुत बदल गयी थी। वह टशन अब नहीं रहा था। काफ़ी ख़राब लग रही थी। मेरा कहने

का मतलब है चेहरे का नूर अब नहीं रहा। मुझे थोड़ी निराशा हुई। अब तो पता लगाना ही पड़ेगा की ऐसा क्या हुआ। सोर्स तो नीरा ही थी। वापस घर पहुँच कर मैंने थोड़ा आराम करा। धूप में हालत पस्त हो गयी थी। ज़िंदगी के पचीस साल इसी गर्मी में बिताये थे। लेकिन पाँच साल बाहर क्या रह ली सब आदतें कितनी बदल गयी है। याद आया पहले जब हमारे रिश्तेदार विदेश से छुट्टियों में आते थे और गर्मी में परेशान होते थे तो ग़ुस्सा आता था। लगता था इतने साल इसी गरमी में रहते थे और अब ड्रामा कर रहे है। आज अहसास हुआ लोगों के बारे में बातें नहीं बनानी चाहिए। आदतें बहुत जल्दी बदल जाती हैं। हाँ तो जब कुछ तबियत ठीक हुई तो नीरा को फ़ोन लगाया। उसने कहा वह कल दिन में मेरे घर आएगी। दूसरे दिन मैं बेसब्री से नीरा का इंतिज़ार कर रही थी। क्लासेज़ के बाद नीरा सीधे मेरे घर आ गयी। बहुत सारी बाते जो करनी थी। इन पाँच सालो में मैं यह गॉसिप सुख तो भूल ही गयी थी। नीरा ने पहले तो अपने बारे में बताया। कैसे उसे नरेश मिला। नरेश इंटर कॉलेज में पढ़ाता था। नीरा की मुलाक़ात उससे उसकी रिश्ते की बहन के घर हुई थी। इसी बीच नीरा के पिताजी की तबियत बहुत ख़राब हो गयी थी। वह उनको अपने पास ले आयी। नीरा ने बताया नरेश ने उन दिनो उसकी बहुत सहायता करी थी। हॉस्पिटल ले जाने से लेकर खून का बंदोबस्त करना सब किया। अगर नरेश न होता तो वह अपने पिता को न बचा पाती। पिताजी वापस ठीक हो कर चले गये लेकिन हम मिलते रहे। मुझे नरेश बहुत सभ्य और ईमानदार लगा। और फिर हमने शादी करने का फ़ैसला कर लिया। मैंने पूछा तुम्हें कभी यह ख़याल तो नहीं आया की नरेश इंटर कॉलेज में पढ़ाता है और तुम डिग्री कॉलेज में। नीरा बोली—देखो जब आपको कोई अच्छा लगने लगता हैं तो यह सब बहुत छोटी बातें लगने लगती हैं। जीवन तभी हँसी ख़ुशी बीतता है अगर हम बड़े कैन्वास की तस्वीर बनाये। ज़िंदगी बहुत छोटी है और अल्टिमेटली छोटी छोटी ख़ुशी ही बड़ी ख़ुशी का निर्माण करती है।

सुनकर बहुत अच्छा लगा कि नीरा ख़ुश है। फिर मैंने उसे बताया कि कल मैं डिपार्टमेंट गयी थी और मिस उन्नति से मिली। लेकिन समझ में नहीं आ रहा है कि उनकी हालत को देखकर क्या बोलूँ। नीरा बोली मुझे भी थोड़ा बहुत लोगों से पता चला हैं। देखो न समय कितना बलवान होता है। पहले उनके क्या जलवे थे। अब क्या हुआ? मैंने पूछा। नीरा बोली पता चला है उनके फादर की एक

शादी पहले की थी। और दो लड़के भी थे। मतलब? क्या उन्नति को पता था। नहीं। यह सब उन्नति की पिता की अचानक मृत्यु के बाद पता चला। सुना है उसके पिता की गाँव में बचपन में ही शादी हो गयी थी और उनके दो बच्चे भी थे। फिर जब वह शहर आए तो बिज़नेस शुरू करा। उन्नति की माँ हॉस्पिटल में हेड नर्स थी। एक बार वह बीमार पड़े तो उन्नति की माँ ने बहुत देखभाल करी। वह बेहद खूबसूरत थी। बस उनको प्रेम हो गया। ऐसे बावले हुए की पीछे ही पड़ गए। आख़िर दोनों की शादी हो गयी। क्या उन्होंने पहली शादी के बारे में नहीं बताया था। शादी के बाद बताया और कसम खायी की कभी गाँव नहीं जाएँगे। फिर उन्नति हो गयी तो उसकी माँ को तसल्ली हो गयी। पिता कभी गाँव तो नहीं गए लेकिन चार साल पहले अचानक हार्ट अटैक से मृत्यु हो गयी। जब वकील ने विल दिखायी तो पता चला कि इस घर को उन्नति के नाम करा हुआ था और बाक़ी सब अपनी पहली पत्नी वाले बेटों को दे दिया था। उन्नति को तो यह पता ही नहीं था की उसके पिता की दो शादी थी। उन्नति की माँ को बहुत बड़ा झटका लगा। एक तो पति की अचानक मृत्यु और ऊपर से उनकी विल का सच। बस एक साल बाद वह भी चल बसी। उन्नति बहुत अकेली हो गयी और यह हादसा बर्दाश्त नहीं कर पायी। सुना है काफ़ी शराब पीने लगी है। और यह त्रिपाठीजी का क्या चक्कर है। अरे इतना गुमान था। सबने किनारा कर लिया। यह त्रिपाठी जी ने उन्नति को फँसा लिया हैं। उसको घेरे बैठा रहता है। और देखो उन्नति अपनी माँ वाली गलती कर रही है। त्रिपाठी की शादी हो चुकी है और बच्चे भी है। बदमाश आदमी है। उन्नति पूरी तरह उस पर डिपेंडेंट हो गयी है। काफ़ी देर हो गयी थी। नीरा बोली अब मैं चलती हूँ। नरेंद्र भी घर आ गया होगा। नीरा के जाने के बाद मैं सोच में पड़ गयी। उन्नति के बारे में सुनकर बुरा लगा। वाक़ई कोई नहीं कह सकता समय किस ओर करवट ले। उन्नति की पाँच साल पहले की तस्वीर आँखों के सामने आ गयी। क्या थी और आज क्या हाल हो गया।

मैं एक महीने की छुट्टी पर आयी थी। जैसा कि मैं आपको बता चुकी हूँ मेरे माता-पिता दोनों अब सेवानिवृत्त हो चुके थे। मैं अकेली संतान थी। अब क्यूँकि नौकरी पर लग गयी थी लोन पर एक घर विदेश में ले लिया था। पहले ही से तय हो गया था की अब मेरे माता पिता मेरे साथ जाऐंगे। इसीलिए बहुत सारे पेंडिंग काम थे। मैंने उनसे कहा था कि छह माह मेरे साथ रहे। फिर वापस

आ जाए और अगर पसंद आ जाए तो जब मन हो आये। मैं उन्हें किसी तरह के दबाव में नहीं रखना चाहती थी। ठीक भी था। उनका अपना मित्रों और रिश्तेदारों का सर्कल था। ख़ैर काफ़ी बहस के बाद दोनों तीन महीने मेरे साथ रहने के लिए तैयार हो गये। वैसे भी माँ के इतने बवाल थे की उनको समेटते समेटते पूरे पंद्रह दिन लग गए। अब मेरी छुट्टी के बहुत कम दिन बचे थे। मैं लिस्ट बना रही थी की मुझे क्या क्या ख़रीदना है। तभी फ़ोन बजा। माँ ने उठा लिया था। फिर उन्होंने आवाज़ लगायी बुलबुल तेरा कॉल है। मैं जल्दी से उठी। सोचा ज़रूर नीरा ने करा होगा। उस दिन वह घर आयी थी और मैंने कहा था फ़ोन करके बताओगी की कब उसके घर खाने में आओगी। लेकिन यह घर के क़ाम निबटने का नाम ही नहीं लेते है। माँ भी कभी कभी अजीब सा बिहेव करती है। फ़ोन को नीचे रख दिया था। नीरा से बात तो कर लेती। उसको अच्छे से जानती है। मुझे याद आया माँ का वह हल्ला जब मैंने नीरा को अपने पास रख लिया था। पूरे हज़ार प्रश्न उसके बारे में पूछे थे। मेरी लड़ाई हो गयी थी माँ से। वह तो पिताजी ने सम्भाल लिया। मैं फ़ोन की टेबल तक पहुँच चुकी थी। मैंने जोश में बोला हेलो! बता कैसी है? उधर से किसी ने धीरे से अंग्रेज़ी में बोला—उन्नति बोल रही हूँ। मैं थोड़ा हड़बड़ा गयी। माँ पर ग़ुस्सा आया। जब फ़ोन उठा ही लिया था तो पूछ तो लेती कौन बोल रहा हैं। मैंने तुरंत अपने को सम्भाला और बोला ओह! हाई! हाउ आर यू? उन्नति ने कहा गुड और तुम? मैंने भी कहा—या गुड। फिर उन्नति बोली—सारी फ़ोर डिस्टर्बिंग यू। बट जस्ट वांटेड टू इन्वाइट यू फ़ोर डिनर टुडे। आइ विल ड्रॉप यू बैक। जस्ट यू एंड मी। मैं मना न कर पायी। तय यह हुआ की उसका ड्राइवर सात बजे मुझे पिक कर लेगा। माँ को बताया तो कई प्रश्न पूछ लिए। मुझे हँसी आयी। पिछले पाँच वर्षों से मैं एक अनजान देश में अकेली रह रही हूँ। कहाँ जाती हूँ? किससे मिलती हूँ? माँ ने कभी नहीं पूछा और आज मैं उसी शहर में जा रही हूँ तो माँ को प्रॉब्लम हो रही है। मैं पिछले कुछ दिन से देख रही हूँ माँ कुछ अजीब तरह से पेश आ रही है। मैंने सोचना शुरू करा तो लगा दो कारण हो सकते है। या तो मेरे साथ जाना नहीं चाहती या मेरे शादी के टॉपिक को लेकर नाराज़ है। कई दिनों से मेरे पीछे पड़ी थी अब शादी कर लो। मैंने समझाने की कोशिश करी की अभी मेरा कोई इरादा नहीं है और जब मुझे कोई पसंद आएगा जिसके साथ मैं ज़िंदगी बिताना चाहूँगी तब कर लूँगी। धीरे से वह

यह भी बोल रही थी की मुझे अब वापस अपने देश आ जाना चाहिए। मैंने उनसे कहा की मैं कुछ और पढ़ना चाहती हूँ और अगर मुझे किसी इंडीयन यूनिवर्सिटी से अच्छा ऑफ़र आएगा तो सोचूँगी। मैंने यह भी साफ़ शब्दों में बोल दिया की मुझे वहाँ अच्छा लग रहा है। पिताजी खुद नहीं बोलते थे लेकिन जो चाहते थे वह माँ के कानों में चुपचाप डाल देते थे। वह मेरे साथ अपनी रेलेशन्शिप खराब नहीं करना चाहते थे। कभी कभी बहुत बुरा भी लगता था। मैंने सोच रखा था की बाद में वापस आ जाऊँगी। इधर कुछ अच्छी प्राइवेट यूनिवर्सिटी खुलने लगी थी। लो जी कहाँ तो मुझे डिनर में शामिल होना था और मैं अपना पुराण ले कर बैठ गयी। आख़िरकार माँ को लगा की वह बेकार का ड्रामा कर रही है। सच कहूँ तो मैं बहुत उत्सुक थी यह जानने के लिए की मुझे उन्नति ने क्यूँ बुलाया। लगा शायद मेरी भी कुछ गरिमा लोगों को महसूस होने लगी है। ठीक पौने सात बजे गाड़ी बाहर लग गयी। मैं तो ऐसे नर्वस हो रही थी जैसे किसी डेट में जा रही हूँ। उन्नति का घर मेरे घर से मात्र पाँच किलो मीटर की दूरी पर था। जब गाड़ी पोर्टिको में पहुँची तो उन्नति ने स्वयं बाहर आकर मुझे रिसीव करा। आज वह ठीक लग रही थी। बहुत प्यार से अंदर ले गयी। घर क्या था पूरा महल था। अब आप समझ ही गये होगे की घर की तारीफ़ करने की ज़रूरत नहीं हैं। हर चीज़ क़रीने से रखी हुई थी। बहुत ख़ूबसूरती से सजा हुआ। नौकर चाकर सब हाथ बांधे खड़े थे। उन्नति ने मुझे हार्ड ड्रिंक ऑफ़र करी। मैंने कहाँ मैं तो लेती नहीं। कभी कभी थोड़ी वाइन ले लेती हो। उन्नति ने मुझे वाइन और अपने लिए विस्की मँगायी। तो हम अपना अपना ग्लास लेकर बातें करने लगे। उन्नति मुझसे सीन्यर थी। इसलिये मैं उसे मैम ही बुला रही थी। उन्नति ने मेरे काम के बारे में बहुत कुछ पूछा। मुझे अभी भी समझ नहीं आ रहा था की मुझे क्यूँ बुलाया गया है। इसका उत्तर उन्नति ने खुद ही दे दिया। बोली तुम सोच रही होगी की मैंने तुम्हें क्यूँ बुलाया। बस मैं बात करना चाहती थी। बुलबुल मैं तुम्हें पहले भी पसंद करती थी लेकिन तुमसे दोस्ती नहीं हो पायी। मेरा मन बहुत उदास है। बस मन कर रहा था कि किसी से अपना दर्द बाटूँ। कई बार आप जो बाहर दिखते हो वह वास्तव में होते नहीं। मैंने कहा—आप कुछ परेशान लग रही है। आप बिना संकोच मुझे दिल की बात बता सकती है। वह बोली मेरी लाइफ़ स्टोरी बहुत दु:खभरी है। मैंने कहाँ मैम आपसे तो सब लोग रश्क़ करते थे। वह हौले से मुस्कुराई। बोली

पता है मैं इतनी अलूफ़ क्यू रहती थी? मुझे डर था मेरी ज़िंदगी की कहानी किसी को पता न चल जाये। मेरी पिता ने मेरी माँ से शादी नहीं करी थी। हालाँकि वह ज़्यादातर हमारे साथ ही रहते थे। मेरी माँ एक नर्स थी। ईसाई थी। मेरे पिता उन्हें बहुत चाहते थे लेकिन क्यूँकि उनकी शादी हो चुकी थी इसलिए शादी नहीं कर सकते थे। सच पूछो तो दिल तो माँ के पास था लेकिन अपनी पहली पत्नी और बच्चों को भी नहीं छोड़ सकते थे। मैं सोचती हूँ मेरी माँ को पिता के साथ बिना विवाह के नहीं रहना चाहिए था। और अगर रह रही थी तो उनको मुझे दुनिया में नहीं लाना चाहिए था। पिता की पहली पत्नी ने माँ को कभी माफ़ नहीं करा। जब तक मैं बड़ी नहीं हुई मुझे कुछ भी नहीं पता था। पिताजी ने मुझे अपने बच्चों से भी नहीं मिलाया। अब सोचती हूँ हम कितने संकीर्ण हो जाते है। अगर मुझे सही बचपन मिलता तो मैं ऐसी नहीं होती। मैं पढ़ने में बहुत होशियार थी और माँ की ख़ूबसूरती भी मिली थी। मैंने लोगों से दूरी इसी लिए बनायी थी जिससे कोई मुझसे कुछ पूछ न लें या बोल न दे। फिर बड़ी हुई तो अहसास हुआ कि इस रूप को लेकर लोग मुझसे इम्प्रेस हो जाते है। थोड़ा घमंड हो गया। पिताजी और उनके बाद माँ की मृत्यु ने मुझे एकदम अकेला कर दिया। समझ नहीं आ रहा क्या करूँ। मेरा अब इस शहर में मन नहीं लग रहा हैं। मैंने पूछा आप ने कभी अपने पिता के बच्चों से सम्पर्क करा। वह बोली नहीं। पता नहीं मुझे क्या हुआ कि मैंने सीधे पूछ लिया। आप का त्रिपाठीजी से क्या रिश्ता है? वह बोली कुछ नहीं। मैंने कहा अगर आप बुरा न माने तो एक बात बोलो। वह बोली हाँ—हाँ फ़ील फ़्री। मैंने कहा सब से पहले त्रिपाठी जी को अपने से दूर करिए। ऐसा न हो की आप भी अपनी माँ की तरह गलती कर दे। मैंने सुना हैं उनकी शादी हो गयी है और बच्चे भी है। वह कुछ सोच कर बोली तुम ठीक कह रही हो। मैं उनसे मिलना बंद कर दूँगी। फिर मैंने उन्हें कहा—मैम आप इतनी अच्छी इंसान है। अपने जीवन को बर्बाद न करे। आप अपने भूतकाल से निकलिए। उन्नति ने मुझे गले लगाया और शुक्रिया बोला। यह भी तय हुआ की हम अब दोस्त है और मैं उसे उसका नाम लेकर बुलाओगी। ख़ैर खाना खा कर मैंने बिदा ली। उन्नति ने मुझे पार्टिंग गिफ़्ट दिया। अपनी बनायी एक खूबसूरत पेंटिंग।

इस बात को बीते तीन वर्ष हो गए है। उन्नति ने अपने को समेट लिया। पिता का मकान बेच दिया और कैलिफ़ॉर्न्या यूनिवर्सिटी में फ़ाइन आर्ट्स का कोर्स

जोईन करा। अब वह अमेरिका में सेटल हो गयी है। ख़ुश है। जीवन को अच्छे से जी रही है। वह मुझे अक्सर धन्यवाद देती है की उस दिन मैंने उसके घर जाकर उसकी बात सुनी। मैं सोचती हूँ हम लोग किसी के बारे में बिना जाने कितनी बातें बनाते है। हर शख़्स बहुत अकेला हैं। बहुत कम लोग है जिन्हें भाई बहन और मित्रों का साथ नसीब है। अब उन्नति वापस वतन आ गयी। उसके पास पैसे तो थे ही। उसने एक आर्ट गैलरी बनायी है। काफ़ी अच्छा नाम कमा रही है। साथ में विज़िटिंग प्रफ़ेसर भी है। इतनी बिज़ी रहती है की कुछ और सोचने का समय नहीं। पचास की उम्र में एक जर्मन से शादी कर ली है। पहले से बेहतर दिखती है। बहुत आत्मविश्वास से सुसज्जित। मैं भी वापस घर आ गयी हूँ। माँ ने इतना शोर मचाया की मैंने भी विवाह कर लिया है। बाहर आना जाना लगा रहता है। नीरा की ज़िंदगी भी अच्छी चल रही है। उसकी एक बेटी है। भाई—बहन को भी उसने पढ़ा दिया। सब को सेटल कर दिया। नीरा ने घर की सब ज़िम्मेवारी बख़ूबी निभायी। कई बार मुझे अहसास होता है की नीरा को ज़िंदगी में कोई मलाल नहीं होगा। लेकिन उन्नति ने भी अपनी डूबती नैया को हिम्मत से सम्भाल लिया। त्रिपाठी जी से पीछा छुड़ाना आसान नहीं था। वह तो नीरा ने मुझे बताया की बहुत हंगामा हुआ। उन्नति के ऊपर वह हावी हो चुके थे। शायद जब वह इमोशनली कमजोर थी उसने उनको ज़्यादा ही तवज्जो दे दी थी। त्रिपाठी जी अचानक उन्नति के बदले तेवर से नाखुश थे। उनको लगने लगा था की वह दोनों औरतों को आराम से हैंडल कर लेंगे। उन्नति खूबसूरत के साथ इंटेलिजेंट महिला थी। सभ्य। त्रिपाठी जी की शादी बहुत पहले गाँव में हुई थी। मुझे लगता है अस्सी के दशक तक ऐसे कई लोग थे। गाँव से शहर आए और उनकी ज़िंदगी में पढ़ाई के साथ बहुत बदलाव आया। फिर उन्हें गाँव में करी गयी शादी रास नहीं आयी। कई लोग तो एक और शादी कर भी लेते थे। अगर गाँव वाली पत्नी सीधी साधी है तो यह चल जाता था। अब थोड़ा मुश्किल हो गया है। गाँव में भी सब पढ़ने लगे हैं और जागरूकता भी आ गयी है। मुझे कई बार लगता है की त्रिपाठी जी से पीछा छुड़ाने के लिए ही उन्नति ने शहर छोड़ा। लेकिन उसका फ़ैसला सही था।

अक्सर याद आते है कॉलेज के वह दिन जब सब उन्नति से कितने प्रभावित रहते थे। उन दिनों तो यही सुनाई देता था उफ़! यह अदा। मुझे अक्सर लगता है जैसे हमारी ज़िंदगी हमारे हाथ में नहीं है। सब नसीब का खेल हैं। लेकिन मुझे

ख़ुशी है इस कहानी के सब किरदारों ने अपनी अपनी ज़िंदगी को समय रहते सवार लिया। और भी कई बातें समझ में आयी। ईश्वर सबको हिसाब से देता है। अब देखिए न एक ज़माने में उन्नति के क्या जलवे थे और उसे देखकर यही निकलता था उफ़! यह अदा। लेकिन वास्तव में कुछ और ही था उसकी उसकी कहानी का सच। इसलिए जो अक्सर खुली आँखों से दिखता है ज़रूरी नहीं सच हो।

काठ का बक्सा

घर ख़ाली ख़ाली सा होने लगा था। ज़्यादातर मेहमान भी जा चुके थे। केवल अब कुछ करीबी लोग ही बचे थे। चौदह दिन बाद कुछ हल्का लग रहा था। जाड़े की गुलाबी ठंड आज कुछ महसूस हो रही थी। मैंने देखा शर्मा जी की बहन ओर उनके पति आज धूप सेंक रहे है। हँसी ठट्ठा के साथ चाय पकोड़े भी चल रहे थे। अभी कुछ दिन पहले की ही तो बात है। शर्मा जी की माताजी बाहर बैठ कर धूप सेकती दिखी थी। आते-जाते दिख जाती थी। मज़ाल है की आप उनसे आँख चुरा ले। तुरंत पकड़ लेती ओर फिर पूरा इंटरव्यू ही ले लेती। कहाँ गयी थी? कहाँ से आ रही हो? बच्चे कैसे है? मिलनसार ओर दबंग क़िस्म की महिला थी। और ग्रेस्फ़ुल यानी की शालीन भी। हमेशा इस्तरी करी कॉटन की ताँत की कलफ़ लगी साड़ी पहनती। हाथों में सोने की चूरियाँ, लम्बी सोने की माला और आकर्षक व्यक्तित्व। उनको बातें करना बहुत पसंद था। दूसरा शौक़ था टेलिविज़न के सीरियल देखने का। मुझे लगता है कोई शो वह देखना भूलती नहीं थीं। पूरा दिन उनका सीरियल देखने में ओर किताबें पढ़ने में ही बीतता था। हम कह सकते है की एक सम्भ्रांत ओर थोड़ी कड़क महिला थी। परिवार में बच्चे सब अच्छे पदों में आसीन थे। लेकिन अचानक चल बसी। विश्वास ही नहीं होता।

घर वापस सामान्य सिथ्ती में आने लगा था। बेटे ने माँ को धूमधाम से शमशान पहुँचाया था। घर शायद माँ के कंट्रोल में था। यह कहानी मैं इस लिए सुना रही हूँ क्योंकि कही ना कही हर परिवार की कहानी है। और सच कहूँ हम सब की निजी गाथा है। यह जीवन भी अजीब है। जब तक आप जीवित है हर कोई, आप के अपने, आप की हर सुविधा का ख़याल रखतें हैं। ठंडी ना लग जाए इसलिए महँगे कम्बल उड़ाये जाते हैं। ओर जहाँ आप की सासें बंद हुई आप को ज़मीन में शरण लेनी पड़ेंगी ओर फिर तो आप बर्फ़ की सिल्ली में लेटे मिलेंगे।

यह जीवन की वास्तविकता है। हम शायद इसे भूले रहते है। या इसके बारे में सोचते ही नहीं। वह ठीक भी है। भई आप ओर हम जीवन जीने के लिए आते है मरने के बारे में सोचने के लिए नहीं।

हाँ तो मिसेज़ शर्मा बहुत शानदार थी जो आज इस दुनिया में नहीं। मुझे बहुत बुरा लगा था। उनसे शायद मैं बहुत इम्प्रेस रहतीं थीं। मैंने सोचा एक बार घर जाकर फिर से अफ़सोस कर आऊँ तो पहुँच गयी उनके घर। अचानक नज़र पड़ी एक काठ के बक्से पर। वह अंदर कमरे के कोने में पड़ा हुआ था। मैंने कोई ध्यान नहीं दिया। ओर हाल चाल पूछ कर चली आयी। दो दिन बाद शर्मा आंटी की हेल्प मिल गयी। दुखी दिख रही थी। लाज़मी था। कई वर्षों का साथ था। मैंने हाल चाल पूछा। बोली क्या बताए हमें तो कुछ नहीं मिला एक साड़ी को छोड़कर। अचानक मुझे काठ का बक्सा याद आया ओर चलचित्र की तरह पुराने किस्से आँखो के सामने आ गए। पता यह चला की काठ का बक्सा वहीं था जिसमें आंटीजी के गहने रहते थे। आंटीजी किसी को उसको छूने नहीं देती थी। बक्से में ताला ओर चाँबी आंटी के गले में चेन के साथ ओर बक्सा लोहे की आलमारी में बंद। उस आलमारी की चाबी भी आंटी की कस्टडी में। तो बक्सा बाहर औंधे मुँह क्यों पड़ा था? मैंने भी खोजी कुत्ते की तरह पता करा। यह कहानी सामने आयी। जब मेहमान चले गए तब बहनों ओर भाइयों ने मिलकर बक्सा खोला ओर सब ज़ेवर बराबर बाँट लिए। ओर बक्सा? मैंने पूछा। उसको कौन लेता। वह पुराना था। इसलिए फेंक दिया। मेरा मन दुखी हुआ। वह प्राणो से भी प्यारा बक्से के साथ ऐसा दुर्व्यवहार। अरे! उसको भी ठीक से रख लेते निशानी समझ कर। लेकिन जीवन बड़ा विचित्र है। जिन चीज़ों को हम अपने से ज़्यादा महत्व देते है क्या वास्तविक जीवन को देते है। वाह रे! मानव सब कुछ यही छोड़ कर जाना है। फिर भी सारा जीवन ऐसी चीजों को सम्भालने में ही बिता देते है। जीवन को कैसे जीना है यह महत्वपूर्ण है ना की जीने की सामग्री इकट्ठा करना। मुझे बाद मे पता चला मिसेज़ शर्मा ने कभी किसी को कुछ नहीं दिया। अगर जीते जी गहने दे देती तो शायद हमेशा प्यार से याद करी जाती। इसलिए अपने हाथ से देना ही अच्छा। और भी बहुत सारी ग़लतियाँ हम करते है या यह कहना ज़्यादा उपयुक्त होगा कर रहे है। तंग दिल से जीना बंद करे। कुछ साथ नहीं जाता, सिवाय वह अच्छे पल जो आप ने अपनों के साथ बिताए।

तो मिसेज़ शर्मा की बात चल रही थी। उनको इस दुनिया से गए एक साल हो गया था। बरसी की तारीख़ भी आ गयी। सब लोग फिर से इकठ्ठे हुए। बड़ा सा आयोजन हुआ। मैं फिर पहुँची। सब से मिली। क्योंकि अब उस घर में कोई रहता नहीं था इसलिए बिलकुल वीरान लग रहा था। थोड़ा बुरा लगा। जब तक व्यक्ति जीवित तब तक सब कुछ। पूरा संसार मृत्यु के बाद कैसे तितर-बितर हो जाता है वह समझ आया। मैं सोचने पर मजबूर हो गयी। जीवन कितना छोटा होता है ओर राग कितना बड़ा। सच ही किसी ने कहा है सारा जीवन बीत जाता है जीने की तैयारी में। पता नहीं क्यूँ मैं आंटीजी के कमरे में चली गयी। शायद सोचा आख़िरी बार उनको महसूस कर लूँ। पता था अब आने का दोबारा मौक़ा नहीं मिलेगा। सब सामान वैसे ही रखा था। और कोने में काठ का बक्सा पड़ा था। मुझसे रहा नहीं गया। टोक दिया बहु को। अरे भई! यह बक्सा तो सँभाल दो। आंटीजी को बहुत प्रिय था। बहु फूटी। जिन लोगों ने ज़ेवर बटोरे उन्हें ही बोलिए बक्सा रखे। माथा ठनका। मैंने पूछा—अरे! क्या तुझे कुछ ना मिला। बोली नाम मात्र का। दीदी मैंने इतनी सेवा करी ओर वह किसी चीज़ को पाने के लिए नहीं थी। लेकिन ममी जी ने प्यार से कुछ ना दिया। फिर उसने मुझे कथा सुनायीं। आप भी सुन ले। मैंने वादा करा है आप सब लोगों से की पूरी कथा सुनाऊँगी।

मिसेज़ शर्मा ने जीवन में बहुत परिश्रम करा था। उनके पास् पहले कुछ भी नहीं था। उनके पति जो कमाते थे उसी से पाई-पाई बचाकर उन्होंने यह सब जोड़ा था। लेकिन जब सब अच्छा हो गया तो उन्हें कुछ अहंकार होने लगा। वह किसी को भी बुरा भला कह देती थी। इसीलिए सब कुछ करने के बाद भी मन से उतर गयीं। मैं रात को सो नहीं पायी। लगा हम सब जीवन में कभी ना कभी यही ग़लती कर देते है। ओर सब कुछ जो करा उसे खत्म कर देते हैं। हमारा संघर्ष हमारी जीवन का महत्वपूर्ण हिस्सा हैं। लेकिन वह आप का संघर्ष था उसका उलाहना देना ग़लत है। अगर आगे की पीढ़ियों को वह संघर्ष नहीं करना पड़ा तो वह उनकी क़िस्मत। यक़ीन मानिए यह सोच आपको बहुत बढ़िया जीवन जीने की प्रेरणा देगी। अगर सब कुछ कर के भी आप मन से उतर गए तो यह दुखद है। सच कहूँ यह काठ का बख़्सा मुझे जीवन में बहुत कुछ सिखा गया। समझ में आया कि मात्र गहने और सम्पत्ति आपको सकूँन नहीं दे सकते। वह आपको दिल से किसी के साथ नहीं जोड़ सकते। जीवन में मृदु व्यवहार ही आपको सम्मान दे

सकता है। प्रेम ही जीवन को सार्थकता देता है।

इस बात को बीते अब पाँच साल हो गए थे। मेरा स्थान्तरण भी हो गया था। लेकिन आज मैं फिर उसी शहर में वापस आ गए थी। पुन: उसी मोहल्ले में घर मिल गया। काफ़ी कुछ बदल गया था। पुराने लोग कोई दिखाई नहीं दे रहे थे। लेकिन आंटी जी के घर में कुछ रौनक़ दिख रही थी। पता चला नए लोग आ गए है। मैंने भी कुछ दिलचस्पी नहीं दिखायी। एक तो समय का अभाव ऊपर से अपरिचित लोगों से परहेज़। एक दिन उनके घर के बाहर से गुज़रते वक़्त मुझे कोई महिला आंटीजी की ही जगह में बैठी दिखी। अचानक नज़र मिली। मैं धक हो गयी। बिलकुल आंटीजी से मिलता हुआ चेहरा। सोचा मुझे कुछ प्रॉब्लम तो नहीं हो गयीं है जो मुझे वह आंटीजी की तरह दिख रही है। लेकिन तभी वह महिला मुस्कुरा दी। शायद मैं अनजाने में उसे घूर रही थी। मैं अचकचा गयी। तब तक वह गेट के पास आ गयी थी। मैंने हाथ जोड़े। उसने मुस्करा कर कहा—मैं कुछ दिन पहले ही शिफ़्ट हुई हूँ। मेरी बड़ी बहन का घर था। बिक रहा था। मैंने ख़रीद लिया। ओह! मेरी जान वापस आयीं। मुझे तो लगा था मेरे साथ कुछ लोचा हो गया है। उसने कहा अंदर आइये कुछ देर बैठिये। मैं अनुरोध को टाल ना पायी। फिर तो बातों का जो सिलसिला शुरू हुआ वह काफ़ी समय तक चला। मुझे लगता है वह एक सुपात्र श्रोता ढूड रही थी। पुरुष ओर नारी में यही फ़र्क़ है। पुरुष अपनी मन की बात किसी अजनबी से नहीं कह सकते अगर सच पूछो तो किसी मित्र से भी घर की बात नहीं करते। लेकिन नारी कई बार अजनबी के साथ भी सब कुछ साझा कर लेती है। शायद यही उन्हें सब कुछ सहने की ताक़त देता है। दिल की जमा पूजी ख़र्च कर दी ओर मन हल्का। हाँ तो मेरी सब जिज्ञासा आज शांत हो गयी। अच्छा हुआ। नहीं तो मेरी आत्मा तड़पती रहतीं। कहानी दिलचस्प है। जैसे सुनी वैसे सुना रही हूँ। एक पाई भी मेरी तरफ़ से नहीं। पता यह चला की मिसेज़ शर्मा तीन बहने थी। एक विदेश में बस गयी। दो देश में ही रही। बड़ी बहन के बारे में इतना ही पता चला कि उनसे किसी का सम्पर्क नहीं है। मैंने पूछ ही लिया—आप भी कभी नहीं दिखी। वह बोली मैं दीदी से बहुत क्लोज़ थी। लेकिन मेरे पति को वह पसंद नहीं थी। इसलिए मैं मन मार के नहीं आती थी। लेकिन मृत्यु में भी नहीं आयी? बोली उसी समय मेरे पति भी चल बसे। ओह! सारी! मैंने कहा। वह बोली लेकिन मुझे जैसे ही पता चला घर बिक रहा है मैंने ख़रीद लिया। अब मैं दीदी के

पास ही हूँ। अजब। मैंने पूछा उनके बच्चों ने क्यों बेचा? वह बोली—उन्हें क्या अटैचमेंट होता। कौन से उनके अपने थे। मैं चौकी। मतलब? वह बोली—दीदी की अपनी कोई संतान नहीं थी। उनके पति की पहली पत्नी का देहांत हो गया था। दीदी उनके साथ ऑफ़िस में काम करती थी। इसलिए विवाह हो गया। दीदी ने सबके लिए बहुत करा। लेकिन जब सब बड़े हो गए तो उन्हें भूल गए। मैंने कहा मुझे भी अजीब लगा था। ओर बता दिया काठ के बक्से के बारे में। वह बोली रुकिए। मैंने उसे सँभाल कर रखा है। और तुरंत लाकर दिखाया। पता चला मिसेज़ शर्मा की शादी से सब नाराज़ थे। उनकी बड़े बहन भी। बाक़ी छोटी बहन की शादी के बाद उनकी शादी हुई थी। वह बोली—मेरे पति इस बात से नाराज़ थे की उन्होंने अपने से बड़ी उम्र के शख़्स से वह भी जो की तीन बच्चों का पिता था उससे विवाह कर लिया था। दीदी सुंदर थी। अच्छे रिश्ते आए थे। ओर देखो क्या मिला। बोली वह बाद में बहुत दुखी रहती थी। मैंने कहा वैसे लगता नहीं था। उनको सब बहुत मान सम्मान देते थे। वह बोली अपनी संतान तो अपनी होती है। ख़ैर बात ख़त्म हुई। और मैं वापस आ गयी। बहुत सारे प्रश्न खड़े हो गए। जितने लोग उतनी बातें। क्या हम जो एकदम से सारांश निकाल लेते है वह सही होता है? जीवन इतना सरल नहीं जितना लगता है। हर व्यक्ति का नज़रिया अलग होता है। मैंने क्या सोचा क्या निकला। और फिर क्या वाक़ई उन्हें सम्मान नहीं मिला? काठ का बक्सा इतनी कहानियाँ बना रहा है। अब लगता है मुझे इतना इमोशनल होने की ज़रूरत नहीं थी। ओवर रीऐक्शन में कई बार सही भी ग़लत लगता है। कुछ दिन बाद मुझे वही पुरानी हेल्प मिली। बोली मैं वही काम कर रही हूँ। मैंने उससे पूछा—क्या आंटीजी के बच्चे उनसे ग़लत व्यवहार करते थे? उसने बताया। नहीं। सब अच्छा था। बस बाद के दिनों में कुछ ग़लतफ़हमी हो गयी थी। तो अब मुझे कुछ समझ में आने लगा था। जब तक आंटीजी अपने आप सब देखती थी, कोई कुछ इधर की बात उधर नहीं करता था। लेकिन जब वह धीरे-धीरे काम करने वालों पर डिपेंडेंट होने लगी उन्होंने फ़ालतू की बातें बनानी शुरू कर दी और पॉलिटिक्स शुरू हो गयी। मुझे लगता है मिसेज़ शर्मा के विवाह से उनके बहन के पति को अच्छा नहीं लगा ओर उन्होंने संबंध तोड़े वह तो ग़लत था। उन्होंने बच्चों को पाला। लेकिन कही ना कही अपने परिवार की उपेक्षा की वजह से बाद में उनके स्वभाव में कुछ परिवर्तन आया होगा। कुछ बदला नहीं

था। शायद सोच बदल गयी थी। बाक़ी आप समझें। मैंने आप से पहले ही कहाँ था यह हम सब के घर की कहानी है। आप सहमत है?

मुझे लगता है मेरा मिसिज़ शर्मा से कोई पिछले जन्म का रिश्ता रहा होगा। क्यों? आप पूछेंगे। इसलिए की उनकी कहानी मुझे छोड़ नहीं रही। अब उनके बचपन की कहानी से मेरा क्या लेना देना? लेकिन जब पता चल ही गया है तो आप सबको भी बता देती हूँ। हुआ कुछ ऐसा। यह दुनिया बहुत छोटी है। मैं अपने ससुराल के एक विवाह में लखनऊ गयी हुई थी। अब आप लखनऊ के लोगों से तो वाक़िफ़ होंगे। लच्छेदार कहानियाँ उनकी ज़बान में रहती है। वहाँ मेरी दूर के रिश्ते की मामी से मुलाक़ात हुई। मैं उनके अनुरोध को स्वीकार कर उनके घर चली गयी। बातों—बातों में उन्होंने अपने कॉलेज की बातें शुरू कर दी। अचानक मेरी नज़र उनकी मेज़ पर रखी एक ग्रूप फ़ोटो पर पड़ी। पाँच लड़कियाँ और दस लड़के। सब पुराने ज़माने के फ़िल्म स्टार्स जैसे लग रहे थे। मैंने एक लड़की की तरफ़ उँगली रख के कहा। यह तो बिलकुल साधना जैसे लग रही है। मामीजी बोली अरे! यह सुधा सिंह है। बिलकुल ठीक कहा तुमने। पूरी हीरोईन थी। हम सब इसे साधना ही कहते थे। मैंने पूछा। आप कि अभी बात चीत होती है? वह बोली नहीं। यह तीन बहने थीं। सुधा की बड़ी बहन शादी के बाद ही विदेश चली गयी थी। सुधा मझली थी और उससे छोटी विभा थी। लेकिन सुधा के पिता की अचानक मृत्यु हो गयी और सुधा ने ऑफ़िस में नौकरी शुरू कर दी। कॉलेज का एक क्लास फ़ेलो उस से बहुत प्रेम करता था और शादी करना चाहता था। लेकिन सुधा ने मना कर दिया। मैंने पूछा क्यूँ? वह बोली सुधा के पिताजी ने पैसा जुआँ और शराब मे उड़ा दिया था। बहुत क़र्ज़ लिया था। घर की वित्तीय हालत ख़राब थी। फिर क्या हुआ? मैं तो मामी जी से एक के बाद एक ऐसे प्रश्न पूछ रही थी जैसे राज्य सरकार की सी. आइ. डी. वाले पूछते हैं। लेकिन मामी हर प्रश्न का उत्तर ख़ुशी ख़ुशी ऐसे दे रही थी जैसे मैं पुरानी बातें पूछ कर उनपर कोई उपकार कर रहीं हूँ। वैसे भी अपने दोस्तों की लव स्टोरी सुनाने मे कुछ अलग मज़ा आता है। मैंने फिर पूछा। क्या सुधा की शादी उस लड़के से हुई? वह बोली। नहीं। सुधा ने अपनी छोटी बहन की शादी उससे करा दी। तो क्या सुधा ने शादी नहीं करी? नहीं। कुछ साल बाद अपने विधुर बॉस से कर ली। ओह! मेरे मुँह से निकला। और बच्चे? अरे! उसके पहली पत्नी से तीन बच्चे थे। उनको पाला। ख़ुश थी? मैंने

पूछा। वह बोली। हाँ। उसका पति और बच्चे उसे बहुत मानते थे। लेकिन सुना है पाँच साल पहले उसकी मृत्यु हो गयी और उसके बहन के पति की भी। उसकी बहन विभा ने उसी का घर ख़रीद लिया ओर वही रहती है।

फिर अचानक बोली अरे। वह तुम्हारे मुहल्ले में ही तो रहती थी। मुझे एकदम बिजली जैसे कोंधि। क्या आप मिसिज़ शर्मा की बात तो नहीं कर रही? मैंने चिल्लाकर पूछा? हाँ। मामी बोली। मेरी जिज्ञासा बढ़ गयी। पता चला उन्होंने अपने प्रेमी की शादी बहन से करा दी थी लेकिन वह उनको भूल नहीं पाया। इसी कारण बहन घर नहीं आती थी। सुधा ने शादी भी इसीलिए करी की बहन का संसार ख़ुश रहे। लेकिन छोटी बहन हमेशा शक करती रही। और देखो विभा के पति का निधन भी उसी दिन हुआ जिस दिन सुधा का। सब कड़ी जुड़ने लगी थी। सुधा का त्याग। प्रेमी का त्याग। सुधा का दूसरा त्याग। बहन का घर बस जाए तो अपने से बड़ी उम्र के आदमी से विवाह और उसके संतान को पालना। तो क्या बहन ने घर इसलिए ख़रीदा क्योंकि कही न कही प्रायश्चित की भावना थी। और फिर पता चला बेटे बहुत प्यार करते थे पर बहुएँ ख़ुश नहीं रहती थीं। बेटों ने घर इसीलिए मौसी को दिया।

मैं पता नहीं क्यूँ ठगा सा महसूस कर रही हूँ। सबने मुझसे झूठ बोला। अब सोचतीं हूँ ना मैं काठ का बक्सा देखती ना इतनी ही कहानी बनती।

इसमें क्या ग़लत है?

आज मन करा कुछ ऐसी कहानी सुनाऊँ जो आपको लगे बिल्कुल दिल के क़रीब। यह कहानी है उस परिवार की जो समय के आगे टूट गया। मुझे दुःख होता है ऐसी कहानियों को सुनकर। यह हृदय में तीव्र आघात करती है। मंथन करने को मजबूर कर देती है। बहुत सारे इशूज़ भी रेज़ करती है। पहले कहानी सुना दूँ। उन्नीस सौ सैंतालिस में विभाजन के दौरान बहुत संख्या में लोग विस्थापित हुए। हम जैसे लोग उसकी कल्पना भी नहीं कर सकते की किन हालात में कई हिंदू परिवार लाहौर से हिंदुस्तान आए। इसी तरह बहुत से मुसलमान परिवार पाकिस्तान की ओर गए। पीढ़ियों से उस शहर में रहने वालों को अपना घर और सब कुछ छोड़कर भागना पड़ा। इसका असर कितना गहरा होगा यह समझने की बात है। मेहता जी का परिवार भी इसी त्रासदी का शिकार थे। उन्नीस सौ सैंतालिस में जब मेहता जी मात्र दो वर्ष के थे वह अपनी बीज़ी और पिताजी के साथ लाहौर से ट्रेन से सरहद के इस पार पहुँचे थे। उनके दूर के रिश्तेदार देहरादून में रहते थे। तो वह लोग भी इसी शहर में आ गए। कुछ दिन वह लोग रेफ़्यूजी कैम्प में रहे। थोड़े दिन बाद उनके पिताजी को कपड़ा बेचने की नौकरी मिल गयी। पिताजी सर पर पोटली रखकर फेरी लगाने लगे। यह सब आसान न था। उनका लाहौर में माशा अल्लाह बहुत अच्छा धंधा था। बड़ी कोठी और कपड़े की बड़ी दुकान। सोचिए एक बड़ा कपड़े का व्यवसायी चंद दिनों में पटरी दुकानदार बन गया। एक कमरे के मकान में पिताजी, बीज़ी और मेहताजी के पिताजी की माताजी और बाऊजी सब रहते थे। मेहताजी के पिता अंदर ही अंदर टूट गए थे। वह ज़्यादा दिन यह सब झेल नहीं पाए और उनकी मृत्यु हो गयी। मेहता जी की बीज़ी ने कमर कसी और घर को सम्भाला। उन्होंने पापड़ और अचार बना कर बेचना शुरू कर दिया और साथ में सिलाई-बुनाई का काम भी करने लगी। जो सब काम वह लाहौर

में शौक़ के तौर पर करती थी वह अब जीविका का सहारा बन गया। कुछ वर्षों के अंदर बीज़ी के सास-ससुर भी चल बसे और रह गए मेहता जी और उनकी बीज़ी। समय बहुत बलवान होता है और परिस्थियाँ मनुष्य को बहुत कुछ स्वयं सिखा देती है। माँ बेटा जीवन यापन करने लगे। मेहता जी पढ़ाई के साथ छोटा मोटा काम भी करते थे। होनहार थे। मैट्रिक की परीक्षा में सफल रहे। एक सेठ ने उन्हें मुंशी की नौकरी में रख लिया। शायद खून में हिसाब-किताब के गुण शामिल थे। उन्होंने अच्छे से काम सम्भाल लिया। अब जीवन पटरी में चलने लगा। उनकी बीज़ी ने उनका विवाह तेईस वर्ष की उम्र में रेफ़्यूजी कैम्प में रहने वाली पड़ोसी की पुत्री से कर दिया। धीरे धीरे एक छोटा सा घर भी ख़रीद लिया। मेहता जी की पत्नी बहुत ही सीधी थी। उनके तीन बेटियाँ और एक बेटा था।

जब मेरी मुलाक़ात इस परिवार से हुई तब सबसे बड़ी बेटी रही होगी यही कोई तेईस-चौबीस साल की। दूसरी इक्कीस की, तीसरी अठारह की और बेटा सबसे छोटा था वह रहा होगा दस साल का। बड़ी बेटी को सब मनु नाम से बुलाते थे। हम सब की वह मनु दी थी। बेहद मृदुभाषी। उन्होंने शायद ग्रैजूएशन करा था। घर में बहुत अनुशासन था। अगर मैं कहूँ रूढ़िवादी, धर्म भीरु परिवार था तो ग़लत नहीं था। घर की सजावट सामान्य थी लेकिन बहुत साफ़-सुथरा था। घर में एक भी कड़ धूल का नहीं मिलेगा। तीनों बहनें साफ़ सुथरे इस्तरी करे हुए कपड़े पहनती थी। उनकी माँ सलवार-कुर्ता पहनती थी लेकिन उनका सर हमेशा चुन्नी से ढका रहता था। मनु दी थोड़ी दबे रंग की थी लेकिन स्वीटी और पिंकी ग़ज़ब की खूबसूरत थी। गोरे चेहरे और गाल सेब की तरह लाल। कई बार लगता था जैसे गालों और ओठों पर लाली लगायीं है। किसी किसी दिन लालिमा इतनी बढ़ जाती की आंटीजी की डाँट खा जाती। आंटीजी थोड़ा ग़ुस्सा दिखाकर बोलती—क्या तुम दोनों ने रूज़—लिप्स्टिक लगायी है? वह हस्ती और शोर मचाती नहीं! एक दिन मैं अनायास ही घर पहुँची तो देखा दोनों बहनें ग़ुस्से में थी और चेहरे को साबुन से रगड़ रही थी और कह रही थी देखिए अब पता चल जाएगा हमने क्या लगाया है। मुँह रगड़ने से बिल्कुल लंगूर की तरह लाल हो गया था। यह देखकर आंटीजी आश्वस्त हुई। बोली इनके डैडी जी को अगर पता चल जाएगा की लड़कियाँ लिप्स्टिक पाउडर लगाती है तो बहुत ग़ुस्सा करेंगे। घर का वातावरण पूरे दिन एक जैसा नहीं रहता था। जिस तरह बरसात के मौसम में धूप और बादल आँख

मिचौली करते है वैसा ही मनु दी के घर भी होता था। कभी अचानक चटक धूप खिल जाती थी और कभी बादल सूरज को ढक लेते थे। जब तक डैडी जी घर पर रहते सन्नाटा बरपा रहता। आंटीजी और मनु दी दोनों चुपचाप किचन में और बाक़ी भाई-बहन अपने कमरे में किताब खोले दिखते। लेकिन जैसे ही डैडी जी ऑफ़िस चले जाते घर का माहौल करवट बदलता। आंटीजी सामान्य मुद्रा में आ जाती। अनुशासन रफूचक्कर हो जाता और परिवार एक नोर्मल परिवार लगने लगता। सच पूछें तो मुझे थोड़ा अजीब लगता। हमारे घर में हम डर की वजह से अनुशासन में नहीं रहते थे। हमारे घर में डिमॉक्रेसी सर चढ़ कर फ़ॉलो होती थी। बड़ा हो या छोटा सबको बोलने और इक्स्प्रेस करने का समान अधिकार था। अब इसे आप पेरेंट्स का लाड़ कहे या जीवन जीने की लिबर्टी। हाँ तो मैं आपको मनु दी की घर के बारे में बता रही थी। एक दिन मुझसे रहा नहीं गया और मैंने हिम्मत करके पूछ ही लिया। आप सब लोग अंकल जी से इतना डरते क्यू हो? मनु दी तुरंत बोली—अरे नहीं। डैडी जी तो बहुत अच्छे और सरल हृदय के है। हम डरते नहीं है। रेस्पेक्ट करते है और उसी के तहत उनके सामने चुप रहते है। फिर थोड़ा करोदने के बाद इसी वजह पता चली। बात यूँ थी की जब अंकल जी अपने पिताजी-बीज़ी और माताजी-बाऊजी के साथ पार्टिशन के वक्त लाहौर से भागे तो उनके साथ उनकी बुआ भी थी। बुआजी ग़ज़ब की खूबसूरत और तेज-तर्रार। लेकिन जब सब लोग ट्रेन में बैठे तो बुआजी दिखी नहीं। उनका पता नहीं चला और ट्रेन चल पड़ी। बहुत कोहराम मचा लेकिन न ट्रेन ही रुकी और न किसी को उतरने मिला। उस समय महोल बहुत ख़राब था। सालों तक यही मातम मना की बुआजी किसी हादसे का शिकार हो गयी। लेकिन काफ़ी साल बाद पता चला की बुआजी उस भीड़ में जानबूझकर बिछड़ गयी थी। बुआजी लाहौर में ही रुक गयी थी और उन्होंने अपने पड़ोस के लड़के जिनसे वह बेइंतहा मोहब्बत करती थी उससे निकाह कर लिया था। मेहता ख़ानदान के लिए यह एक हादसे से कम नहीं था। जेनरली जब ख़ानदान की कोई लड़की ऐसा कदम उठाती है तो दो तरह के रीऐक्शंज़ होते है। या तो आगे की पीढ़ियों की लड़कियों पर बहुत सख़्ती हो जाती है या आगे की पीढ़ियों के लिए यह एक नज़ीर बन जाता है। लेकिन मेहता परिवार ने इससे यह सबक़ लिया की अनुशासन बहुत ज़रूरी है। और उनके लिए यह जीने का एक अहम् हिस्सा बन गया।

इस बात को कई वर्ष हो गए। मैं बहुत साल तक वापस देहरादून नहीं जा सकीं। अपने कुछ मसलों में ऐसे अटकी की सच पूछिए तो मेहता परिवार को भूल ही गयी। ऐसा अक्सर होता है। जिनसे आप रोज़ मिलते है उनसे थोड़ी बहुत जान-पहचान भी दोस्ती का रूप ले लेती है और जिनसे सम्पर्क छूट जाए वह आउट ओफ़ साइट आउट ओफ़ माइंड हो जाते है। एक दिन अचानक दिल्ली के करोलबाग में मेरी पिंकी से भेंट हो गयीं। यह कहिए बस क़िस्मत का खेल। मैं विंडो शॉपिंग में वयस्थ थी की किसी ने ज़ोर से पास से पुकारा—दीदी! मैं हड़बड़ा कर मुड़ी। अब अगर आप सुंदर सी साड़ी देखने में वयस्थ हो और विचारों में अपने को उस साड़ी में देख रहे हो तो ज़ाहिर सी बात है की तंद्रा टूटने पर हड़बड़ाहट होगी। मुझे एक मिनट वापस धरातल में आने में लगा। मैंने ग़ौर से देखा उसको—सुंदर हंसमुख चेहरा, काली बड़ी बोलती काजल लगी आँखें। मैं चिल्ला पड़ी ओह! पिंकी तुम। वह खिलखिलाकर हँसी और हम दोनों बहुत गर्मजोशी से गले मिले। वह मुझे खींचकर अपने घर ले गयी। मुझे भी उससे इतनी सारी बातें पूछनी थी की मैंने सोचा सड़क पर खड़े-खड़े हो नहीं पाएगी। घर क्या था पेइंग गेस्ट रूम था। मेरे मस्तिष्क में कई सवाल घूम रहे थे। उसने मुझे बैठाया और बोली मुझे पता है आप बहुत कुछ जानना चाहतीं हैं। मैं आपको सब बताऊँगी पहले चाय पीते हैं। चाय की बात सुनकर लगा वाक़ई चाय की सख़्त ज़रूरत थी। चाय पीते-पीते ही मैंने प्रश्नो की बौछार लगा दी। आंटीजी कैसी है? मनु दी और स्वीटी और तुम्हारा छोटा भाई और फिर अचानक याद आया तुम यहाँ अकेले कैसे?

वह बोली दीदी लम्बी दास्तान है। उसकी बातें सुनकर मैं बहुत आहत हुई। पिंकी ने बताया की चार साल पहले घर में तूफ़ान आ गया। डैडी जी बीमार रहने लगे और अचानक एक दिन उनको हार्ट अटैक पड़ गया। उनको हॉस्पिटल में अडमिट कराया और बाईपास सर्जरी भी हुई लेकिन उन्हें बचाया नहीं जा सका। घर के हालात ख़राब हो गए। हालाँकि डैडी जी बहुत बदल गए थे। समय के साथ उन्होंने अपने को काफ़ी ढीला कर लिया था। मनु दी ने स्कूल में पढ़ाना शुरू कर दिया था। और मैं और स्वीटी भी नौकरी पर लग गए थे। मैंने पूछा अंकल जी की अचानक डेथ कैसे हो गयी? उसने कहा नहीं उन्हें सदमा लग गया। असल में स्वीटी की शादी एक आर्मी ऑफ़िसर के साथ हुई थी जिसकी डेथ कश्मीर में

आतंकवादियो से लड़ते हुए हो गयी। बस डैडी जी यह बर्दाशत नहीं कर पाए। मैंने पूछा और मनु दी? वह बोली उन्होंने पहले ही शादी के लिए मना कर दिया था। वह भी हार्ट पेशंट है। स्वीटी अपने ससुराल ही रहती है उसका बेबी एक महीने का था जब उसके हसबैन्ड की डेथ हुई। और भाई? वह नौकरी कर रहा है। मैंने पूछा तुम यहाँ अकेली? वह बोली मैं घर के माहौल से उकता गयी थी। हर समय इतने रेस्ट्रिक्शंज़। मैंने ग्रैजूएशन के बाद दिल्ली पढ़ने का फ़ैसला करा था। घर में कोई माना नहीं। तो मैंने हिम्मत कर के एक जगह नौकरी के लिए अप्लाई करा। मुझे कॉल आ गया। मैंने घर में एक लेटर लिखा और घर छोड़ दिया। तूने घर छोड़ दिया? लेकिन क्यू? मैंने पूछा। वह बोली क्या करती? क्या मुझे अपनी लाइफ़ को अपने तरीक़े से जीने का कोई हक़ नहीं? मैंने पूछा क्या इस वजह से घर में भूचाल आया। वह बोली—पता नहीं। मैंने बोला अब तो घर जाती हो? वह बोली—नहीं। सब मुझसे नाराज़ है। उन्हें लगता है मैंने ट्रडिशंज़ को तोड़ा। ख़ैर मैंने उसे अपना फ़ोन नम्बर दिया और कहाँ कोई भी प्रॉब्लम हो तो सीधे घर आ जाना।

कुछ दिनों बाद मुझे देहरादून जाने का मौक़ा मिला। मैं सोच कर गयी थी की समय निकाल कर मनु दी और आंटी जी से मिलने जाऊँगी। सोचा पिंकी की कुशल मंगल भी दे दूँगी और उसको माफ़ी भी दिलवा दूँगी। तो ख़ैर घर पहुँच गयी। सबकी हालत देखकर दुःख हुआ। पिंकी के बारे में मैंने बताया। सब चुप हो गए। फिर जो कहानी पता चली वह कुछ और ही थी। मैंने आपको मेहता जी की बुआ जी के बारे में बताया था। तो पता यह चला की पिंकी ने फ़ेस्बुक के द्वारा उनको ट्रेस कर लिया। वह अब लंदन में रहती है। पिंकी की दोस्ती एक लड़के से हो गयी थी इसीलिए वह घर छोड़ कर चली गयी। बुआजी ने उसे लंदन बुला लिया है और घर वालों के मना करने के बावजूद वह उनके पास जाने को तयार है। हाँ उसने उस लड़के से शादी नहीं करी। मैंने कहा यह इतना बड़ा गुनाह नहीं है। आप लोग उसको घर बुला लो। लेकिन मनु दी बोली—तुम कैसी बात कर रही हो? बुआजी से उसका संबंध हम कैसे ऐक्सेप्ट कर ले। वह अपनी ज़िंदगी जैसे चाहे जिये। बुआजी का उस पर पूरा इन्फ़्लूयन्स है। उन्होंने सबको इतने साल पहले धोखा दिया और अब वह हमारे परिवार को भी बर्बाद कर रही है। कुछ और बोलने की मुझे ज़रूरत नहीं लगी।

मैं सोचने पर मजबूर हो गयी। क्या प्यार करना इतना बड़ा जुर्म है की कई परिवार इसको इतना दिल से लगा लेते है की कई और लोगों की ज़िंदगियाँ बर्बाद कर देते है। क्या सख़्ती और अनुशासन से सब कुछ हासिल हो जाता है। मेरा मानना है नहीं। क्या अपने डैडी की मौत की पिंकी ज़िम्मेदार है? उसने तो उस लड़के से शादी भी नहीं करी। कहीं न कहीं वह अपने को दोषी मानती है। अगर बुआजी से उसने संबंध जोड़ लिया तो क्या इतना बड़ा गुनाह है? यह परिवार वालों का उसूल टूटने की पीड़ा है या अहम। यह समझने की बात है। मुझे लगता है आज भी कई परिवार है जो उसूलों की ख़ातिर तबाह हो जाते है। मैं नहीं जानती कि यह झूँठे उसूल है की नहीं। मैं तो बस यही कहना चाहती हूँ की समय के साथ बदलना बहुत ज़रूरी है। और हर शख़्स को अपना जीवन अपनी तरह जीने का अधिकार है और यह उसको मिलना ही चाहिये। आप क्या कहते है?

ख़ैर कुछ सालों बाद पता चला की पिंकी भी लंदन में सेटल हो गयी है। उसने बुआजी की मदद से एक बिज़नेस शुरू कर दिया है और बहुत ख़ुश है। बुआ की तो नहीं रही लेकिन उनकी फ़ैमिली ने पिंकी को खुले दिल से अपनाया। उधर मनु दी और उनकी ममीजी ने भी अब पिंकी को माफ़ कर दिया है। शायद अब उन्होंने अपने दिल को बड़ा कर लिया है। इस पूरी बात को सुनने के बाद मुझे तो बहुत ख़ुशी हुई। मुझे लोगों का कट्टरपन पसंद नही। इससे किसी का भला तो होता नहीं है बस आप अपने विचारो के अंदर क़ैद हो जाते है। उसूल तभी तक सही है जब तक वह आपको इतना क़ैद न कर दे की आप अपने को ही सही समझे। ज़िंदगी को खूबसूरत बनाने के लिए ज़रूरी है दिल को खुला करना। पिंकी ने हिम्मत करी और अपनी ज़िंदगी को ख़ुशनुमा बनाया। क्या यह ग़लत है? इस कहानी का जो अहम किरदार है वह है बुआजी। कुछ साल पहले पिंकी ने मुझे उनकी डाइअरी पढ़ाई। मैने उससे वादा करा की कभी इस पर लिखूँगी। तो आपको फिर कभी कहानी सुनाऊँगी—बुआजी की डाइअरी।

चारदिवारी

आज फिर रात को मुझे वही पुराना सपना आया। हड़बड़ा कर मैं उठ गयी। यह सपना बचपन से आ रहा हैं। आप सोच रहे होंगे ऐसा क्या सपना है जो बड़े होने तक पीछा नहीं छोड़ रहा है। सपना थोड़ा अजीब है। लगता है कोई ज़ंजीरों से बाध कर खींच रहा है और फिर पहाड़ी से धक्का दें देता हैं। कभी कभी लगता है चारों ओर पानी ही पानी भर गया है। शायद कुछ लोग सलाह देंगे की मुझे मनोचिकित्सक से परामर्श लेना चाहिये। लेकिन मुझे पता है की यह सपना क्यूँ अक्सर आता है। मुझे लग रहा है आपकी जिज्ञासा जागृत हो गयी है। अब मुझे इसके पीछे छिपे कारण की कहानी सुनानी ही पड़ेंगीं।

यह घटना बचपन के दिनों की ही। हमारे मुहल्ले में एक खान साहेब रहते थे। उनका परिवार बहुत सम्भ्रांत और तहज़ीब वाला था। उस मुहल्ले में ज़्यादातर हिंदू परिवार ही रहते थे। खान साहेब और उनकी बेगम दोनों बहुत मिलनसार थे। सच पूछे तो ना तो उन्हें और न ही और किसी को कभी यह ख़याल भी आया की यह एक मुसलमान परिवार है। यह कहानी बहुत पुराने समय की है शायद आज से तक़रीबन चालीस पैंतालीस वर्ष पूर्व की बात होगी। उन दिनों बड़े परिवारों का ज़माना था। हर घर मे कम से कम पाँच बच्चे तो ज़रूर होते थे। ज़्यादातर घर की महिलाओं का समय घर में बच्चों की देख रेख में ही बीतता था। खान साहेब के भी दो लड़के और तीन लड़कियाँ थी। सब बच्चे बला के खूबसूरत। लम्बे गोरे, चमकती आँखें और सौम्य व्यवहार। मेरी उम्र का कोई नहीं था। मेरी बड़ी बहने और भाई उनके हम उम्र थे और उनके दोस्त थे। सच पूछे तो मेरी उम्र के बच्चे उस मुहल्ले में मायनॉरिटी में थे। हम बच्चे उस मुहल्ले की बाक़ी सब हमउम्र बड़ों की गोष्ठी में कभी शामिल नहीं होते थे। मुहल्ले में यूँ तो हर त्यौहार मनाया जाता था लेकिन होली और दिवाली की छटा कुछ और ही होती थी।

खान साहेब के बड़ी बेटी की शादी जल्दी हो गयी थी और वह फ़्रान्स में रहती थी। बड़ा बेटा जो मुन्ना भाई कहलाते थे वह घर में सबसे बड़े थे। वह अपने में ही रहते थे। सब उनकी बहुत इज़्ज़त करते थे। उनकी अम्मी जिनको हम सब मुहल्ले वाले चचीजान के नाम से बुलाते थे वह मुन्ना भाई पर जान छिड़कतीं थी। हर माँ को अपनी पहली संतान और सबसे छोटी संतान से कुछ ज्यादा लगाव होता है। बीच वाले बच्चे किसी विशेष श्रेणी में नहीं आते है। हाँ! तो मैंने आपको बताया था की मुन्ना भाई भी अपनी अम्मी का बहुत ख़याल रखते थे।

एक दिन लोगों को खान साहेब के घर से बहुत चिल्लाने की आवाज़ सुनायी दी। जैसे किसी को डाँट पड़ रही हो। इधर कुछ दिनों से मुन्ना भाई भी नहीं दिख रहे थे। समय के साथ सबके बच्चे बड़े हो रहे थे। अब इतना बाहर दिखते भी नहीं थे। बोर्ड की हाई स्कूल और इंटर की परीक्षा भी पास आ रहीं थी। इसलिए मुहल्ले का हुड़दंग भी कम हो गया था। जीवन सामान्य रूप से चल रहा था। सब अपने अपने कामकाज में व्यस्त थे। जैसे-जैसे बच्चे बड़े होते है कई सारे नए इशूज़ उठते है। मार्च का महीना आया और होली का त्यौहार भी आ गया था साथ में बोर्ड की परीक्षा चल रही थी। क्यूँकि बहुत बच्चों की परीक्षा थी इसलिए होली इस साल फीकी थी। हम दो चार छोटे बच्चे ही अपनी पिचकारी लेकर दौड़ रहे थे। मैं और मेरी सहेली दोड़ते-दोड़ते अपने घरों से कुछ आगे निकल आए। हमारा मुहल्ला बहुत सुंदर था। चारों और बड़े-बड़े पेड़ और पीछे की तरफ़ एक तालाब। तालाब के पास पहुँचे तो देखा मुन्ना भाई लेटे है। शायद बेहोश थे। मुँह से सफ़ेद झाग निकल रहा था। हम बहुत डर गए और चिल्लाते हुए खान चाचा के घर पहुँचे। हमारा शोर सुनकर घर वाले बाहर आ गए। हमने जो देखा था वह बता दिया। कई लोग तालाब की तरफ़ दौड़े और उठा कर मुन्ना भाई को घर लाए। मेरे और मेरी सहेली के घरवालों ने हमें घरों के अंदर करा और सख़्त हिदायत दी गयी की यह बात अब किसी से नहीं कहनी है। जब आप से बड़े भाई बहन हो तो आपको कुछ पूछने का अधिकार नहीं होता है। आगे क्या हुआ वह छनती हुई न्यूज़ से पता चला। डॉक्टर बुलाया गया और उसने बताया कि शायद भाँग के अधिक सेवन से ऐसी हालत हुई। कुछ समय बाद पता चला की मुन्ना भाई की दिमाग़ी हालत ठीक नहीं है। नौकरों ने यह बताया की भाई बहुत समय से भांग खा रहे थे। उनके अब्बा को जब पता चला तो उन्होंने बहुत डाँटा

था और समझाया भी। उनकी अम्मी को भी पता था लेकिन पुत्र मोह के कारण उन्होंने अपने पति से यह बात छिपा ली थी। धीरे धीरे खान साहेब के परिवार ने सबसे थोड़ी दूरी बना ली। बीच मे बड़ी बेटी आयी और अपने दूसरे भाई और एक बहन को अपने साथ विदेश ले गयी। दूसरी बेटी का निकाह उसने अपने देवर से करा दिया और छोटे भाई को वही एक बड़े कॉलेज में दाख़िला दिला दिया। घर में अब खान साहेब, उनकी बेगम और एक बेटी और मुन्ना भाई रह गये। मुन्ना भाई अपना दिमाग़ी संतुलन खोते जा रहे थे। खान साहेब इस सदमे को बर्दाश्त न कर पाए और एक दिन उन्हें मैसिव हार्ट अटैक आया और उनकी जान न बचायी जा सकी।

मुझे उस दिन की घटना अच्छे से याद हैं। वह दिन याद आता है तो दहशत हो जाती है। हुआ यूँ कि खान साहेब के घर में एक बहुत पुराना नौकर था। सब घरवाले उन्हें चचा बुलाते थे। सुनने में यह आया की मुन्नाभाई एक कमरे मे बंद रहते थे। उस दिन वह बाहर निकल गए और अपने कपड़े उतारने लगे। घर में चचा और चचीजान ही थी। उनकी बेटी कॉलेज गयीं हुई थी। नौकर ने जब रोका तो मुन्ना भाई सब्ज़ी वाला चाकू लेकर उसे मारने दौड़े। किसी पड़ोसी ने पुलिसकर्मियों को इतला कर दी। पुलिस वालों ने मेंटल हॉस्पिटल को ख़बर कर दी। और फिर जो हुआ उसकी कल्पना भी हिला देती है। ज़ंजीरों से बांध कर मुन्ना भाई को ले ज़ाया गया। पता चला उनका दिमाग़ उनके क़ाबू में नहीं था। और वह किसी को भी जान से मार सकते थे। उनकी अम्मी पर इस बात का बहुत असर पड़ा। वह भी बिलकुल बदल गयी। उनका मानसिक संतुलन बिगड़ गया। जो गुजरता उससे पूछती उनका मुन्ना घर कब आएगा। बड़ी बेटी विदेश से आयी और घर की चार दिवारी इतनी ऊँची करा दी की अंदर से कोई बाहर न देख पाए और बाहर से अंदर का कुछ न दिखाई दे। गेट भी पूरा टीन की शीट से बंद करवा दिया। मैंने उस दिन मुन्ना भाई को ले जाते हुए देखा था। और यही कारण है की इतने वर्षों बाद भी वह सब कुछ मेरे सपने में आता है।

कुछ वर्ष पहले पता चला चचीजान नहीं रही। वह केवल रात दिन मेरा मुन्ना कब आएगा कहती रहती थी। सबसे छोटी बेटी ने शादी नहीं करी। माँ की देखभाल करी। जब सब कुछ ख़त्म हो गया तब दूसरी बेटी परिवार के साथ वापस आयी। एक हँसता परिवार चारदीवारी में जैसे क़ैद हो गया। आज के दिन

तो माँ बाप मेंटल चिकित्सा को लेकर काफ़ी जागरूक भी हो गये है। मैं अक्सर सोचतीं हूँ अगर खान साहेब की बेगम उनसे अपने बेटे की हालत न छुपाती तो शायद इतनी ज़िन्दगियाँ न बर्बाद होती। अब शायद आप सबको यह कहानी सुनाने के बाद मेरे मन के कोने में छिपा भय खतम हो जाएगा और मुझे उन सपनों से निजात मिल जाएगी।

एक दिन मैं और मेरी बड़ी बहन मार्केट से लौट रहे थे। खान साहेब के घर के तीन घर बाद हमारा घर पड़ता था। हम उनके घर के आगे से निकले ही थे की पीछे से किसी औरत ने मेरी बहन का नाम पुकारा। हमने पलट कर देखा तो खान साहेब के घर का गेट खुला था और उसी से सट कर एक पतली काया की बड़ी उम्र की महिला खड़ी थी। उसी ने शायद आवाज़ दी थी। हमें अपनी तरफ़ देख उसने हाथ हिलाया और इशारे से बुलाया। कुछ अटपटा लगा क्यूँकि सालो से हमने गेट को कभी खुलते नहीं देखा था। हमें चंद सेकंड लगे सोचने में कि जाए या ना जाए। फिर हम स्वत: उस ओर चल पड़े। पहुँच कर देखा की कुछ जानी पहचानी शक्ल थी। जब वह महिला देखकर मुस्करायी तो हम अवाक् हो गए। अरे! अमीना तुम? मेरी बड़ी बहन ने चिल्ला कर बोला। वह हँसी और बोली हाँ! भई हम। फिर तो दोनों गले लग गयी। मैंने आपको शायद पहले भी बताया था कि मेरी बड़ी बहन और अमीना दोनों हमउम्र थी और एक ही कॉलेज में एक ही क्लास में पढ़ती थी। मैं उन्हें अमीना आपा बोलती थी। फिर उन्होंने मेरी तरफ़ देखा और बोली अरे। बेबी कितनी बड़ी हो गयी हो। थोड़ा सोच के बोली होगी ही कितने साल बाद जो देख रही हूँ। उन्होंने सच ही बोला। मेरी दी की शादी हुए ही पाँच साल हो गए थे। आपा बोली आओ घर चलो बहुत सारी बातें करनी है। मैं अब उनकी गोष्ठी में बिना झिझक बैठ सकती थी। आप अगर कॉलेज में पहुँच गये है तो आप की एंट्री हर उम्र के लोगों के ग्रूप में हो जाती है।

अमीना आपा को हम पूरे सात वर्ष बाद देख रहे थे। सच कहें तो सब पड़ोसी भूल से गए थे की उस घर में भी लोग रहते है। कई वर्षों से हमने गेट को कभी खुलते नहीं देखा। और बाक़ी कसर ऊँची चारदीवारी ने पूरे कर दी थी। ऐसा कहना ग़लत नहीं होगा कि खान परिवार ने अपने को पूरे समाज से अलग कर दिया था। कुछ दिन तक तो उनके बारे मे जानने की लोगों की जिज्ञासा बनी रही लेकिन फिर सब अपनी दुनिया में मस्त हो गए। यह दुनिया वाले क्या किसी

का इंतिज़ार करते है? आज आप है तो सब कुछ। कल आप नहीं रहे तो टाटा। हाँ तो उनके आमंत्रण को हम टाल न पाए। दी ने एक बार धीरे से बोला—चलो तुम हमारे घर चलो लेकिन तब तक अमीना आपा अंदर की तरफ़ मुड़ चुकी थी। हमें भी बहुत कुछ जानने की उत्सुकता थी। फिर ख़याल आया घर में दी की तीन साल की बेटी है जो बातें नहीं करने देगी। दी ने तुरंत घर में माँ को किसी के हाथ संदेश भेजा और बिना कुछ जानकारी दिए बस इत्तला कर दिया की हमें आने में कुछ देर हो जाएगी। ख़ैर हम घर में दाखिल हुए। उनका घर का नक़्शा कुछ बदला नहीं था। वही बड़ा आँगन और उसमें वह परिचित आम का पेड़। मुझें उसे देखकर बचपन की याद आ गयी। इस पेड़ के आम हम बच्चों ने बहुत खाये थे। चचीजान कभी मना नहीं करती थी बल्कि खुद बुलाकर तुड़वा कर देती थी। बचपन में यह बहुत जश्न की बात होती थी की हमने पेड़ पर चढ़कर आम तोड़े और खायें। और अगर अमिया मिली तो क्या कहने। आगन को देखते ही पुरानी कई बातें याद आने लगी। एक समय था जब यह आँगन गुलज़ार रहता था। चचीजान तख़्त पर पैर पसार कर बैठतीं थी। कपड़े बहुत अच्छे पहनती थी। साथ में रहता था उनका पान का बड़ा सा पीतल का डिब्बा जिसे पान दान कहा जाता हैं। वह घर आज भी पहले जैसा ही था। मुहल्ले में ज़्यादातर लोगों ने अपने घर तोड़ कर नयी तरह से बनवा लिए थे। इस पुन:निर्माण में सब घरों के आँगन ग़ायब हो गए थे। मुझे पुराने घरों के आँगन बहुत पसंद थे। सब अपने कमरों से निकल कर आँगन में जमा होते थे। आँगन में पूरे दिन में एक बार ज़रूर बैठक जमती थी। सर्दी में धूप सेकना और गरमी के दिनों में पानी से धोकर आँगन को ठंडा करना और फिर सब्ज़ी काटने से लेकर कई अन्य काम आँगन में ही सम्पन्न होते थे। समय के साथ लोगों की दिलचस्पी और कई आधुनिक मनोरंजन की चीज़ों में होने लगी और धीरे-धीरे आंगन का अस्तित्व विलीन हो गया। मुहल्ले की कई घरों में भी आँगन की जगह कमरें बन गये। तो मैं आपको बता रही थी की हम आंगन में ही बैठ गये। घर की हालत बहुत खराब हो चुकी थी। जगह-जगह से प्लास्टर उखड़ गया था। पूरा घर खंडर में तब्दील हो रहा था। देखकर बहुत दु:ख हुआ। अमीना आपा जल्दी से चाय बनाकर ले आयी। उनकी हालत देखकर भी बहुत बुरा लगा। मुझे याद आया आपा कैसे बन-सँवर कर रहती थी। उनके घर में कोई औरत पर्दा नहीं करती थी। अक्सर सूती साड़ी पहनती और

लम्बे बालों की चोटी बनाती थी। अगर आप ने साँठ के दशक का सिनेमा देखा हैं तो आपा उस समय की नायिका जैसे ही दिखती थी। आज वह बिल्कुल बदली हुई लग रही थी। सर के बाल कम हो गए थे। रंग दब गया था। चेहरे का नूर न जाने कहाँ खो गया था। काया कमजोर हो गयी थी। आँखो में चश्मा चढ गया था। बस वह प्यारी सी मुस्कान बरकरार थी। सच ही कहाँ गया है परिस्थियाँ अगर अनुकूल न हो तो मनुष्य समय से पहले बूढ़ा हो जाता है। मैंने कई लोगों को देखा है की अगर उनका जीवन सुखमय है तो उम्र का असर ही नहीं होता। सूरत से ज़्यादा महत्वपूर्ण तकदीर है। देखा। मैं फिर मैं मुद्दे से भटक गयी। मैंने जैसा कि आपको बताया था मेरी बहन और अमीना आपा एक जमाने में पक्की सहेलियाँ थी। मेरी दी को सब्र नहीं था। उनकी पूरी जिज्ञासा चरमसीमा में जागृत हो गयी थी। उन्होंने एक के बाद एक कई प्रश्नों की झड़ी लगा दी। इतने समय से कहाँ थी? किसी से मिली? क्यू नहीं? मुन्ना भाई कैसे है? चचीजान कैसी हैं? बड़ी वाली आपा कहाँ है? अलिशा (दूसरी) बहन के क्या हाल है? और छोटे भाई जान कहा है? मुझे थोड़ा संकोच होने लगा। ऐसा लगा जैसा दी कोई जाँच कमिटी में बैठी हो। लेकिन आपा दी का स्वभाव जानती थी। बोली सब बताती हूँ। मुझे लगा वह खुद भी अपनी जीवन की कहानी किसी से साझा करना चाहती थी। जब आप बहुत अकेले हो तो ऐसा समय भी आता है कि आप किसी से अपने मन की बात करना चाहते हो। कई बार अस्पताल में मैंने देखा आप अपनी तबियत से बहुत परेशान हो और अपनी बारी का इंतिज़ार कर रहे हो तो बग़ल में बैठे अजनबी से भी बहुत कुछ साझा कर लेते हो। अमीना आपा बोली एक एक कर सब बताती हूँ।

और फिर शुरू हुआ आपा की ज़िंदगी का सफ़र। ऐसा लगा जैसे सुनामी आ गयी हो। आपा ने बताया की मुन्ना भाई का इंतकाल हुए दो वर्ष हो गए है। उनकी अम्मी ने भी पिछले साल लम्बी बीमारी के बाद दुनिया से रुक्सत कर ली। वह बोली मेरी ज़िंदगी बस भाई जान और अम्मी के बीच डोलती रही। उनके जाने के बाद अब अपनी ज़िंदगी समेटने की कोशिश कर रही हूँ। आगे बोली इससे पहले की अपने बाक़ी भाई और बहनों के बारे में बताऊँ मुन्ना भाई के बारे में बताना ज़रूरी हैं। तो सुनिए। मुन्ना भाई अम्मी के बेटे नहीं थे। वह उनकी बड़ी बहन के बेटे थे। बड़ी बहन का निकाह खान साहेब से हुआ था। लेकिन उनका

इंतक़ाल मुन्ना भाई को जन्म देते ही हो गया। उस जमाने में ऐसी कठिन परिस्थिति में माँ-बाप के पास एक ही विकल्प बचता था। अगर घर में कोई बेटी अविवाहित है तो उसका विवाह बहन के पति से कर दिया जाये। इससे यह तनाव नहीं रहता था की बच्चे की परवरिश कैसे होगी। इस पूरे प्रकरण में दूसरी बेटी को कोई विकल्प नहीं दिया जाता था। यह चाहे हिंदू घर हो या मुसलमान। दोनों में समान रूप से लागू होता था। खान साहेब का भी निकाह तुरंत उनकी साली साहिबा से करा दिया गया। खान साहेब और उनकी दूसरी बेगम में उम्र का काफ़ी फ़ासला था। आपा बोली—अम्मी इस निकाह से ख़ुश नहीं रही। उन्होंने इसको हमेशा थोपा हुआ समझा। और हालाँकि उनके चार बच्चे हुए उन्होंने केवल मुन्ना भाई के उपर ही अपना पूरा प्यार लुटाया। हम सब को वह कभी तवज्जो नहीं देती थी। शायद उनका यही तरीक़ा था अपने रोष को छिपाने का। अब्बा से भी वह कभी वह नज़दीकियाँ नहीं क़ायम कर पायी। शायद अब्बा भी कही न कही अपने को दोषी मानते थे। अब्बा ने अम्मी को कभी किसी चीज़ के लिए मना नहीं करा। उनके हर एक नख़रे चुपचाप सहते रहते थे। इसका यह असर हुआ की अम्मी और मुन्ना भाई हमेशा एक तरफ़ रहते थे और हम बाक़ी बच्चे एक तरफ़। अब्बा बेचारे हमारे बीच पिसते थे। अम्मी के बेइंतहा प्यार ने मुन्ना भाई को सुस्त बना दिया। अब्बा उनको कुछ बोलते की अम्मी कूद पड़ती उन्हें बचाने। अब्बा बेचारे चुप हो जाते। यही कारण था की मुन्ना भाई को भांग खाने की आदत पड़ गयी और अम्मी ने अब्बा से छिपाया। उस दिन होली के दिन जो हादसा हुआ उससे अब्बा बहुत हताश हो गए थे। अम्मी मानने को तैयार ही नहीं हुई की कुछ ज़्यादा भांग का सेवन हो गया है। वह कहती रही की किसी ने भाई को कुछ खिला दिया है। अब्बा समझ गए थे की अम्मी से बहस करना बेकार है। इसीलिए जब उनके जिगरी दोस्त ने अपने बेटे का रिश्ता आपा के लिए माँगा अब्बा ने तुरंत मान लिया और निकाह करा दिया। और इसीलिए उन्होंने दूसरी बेटी और बेटे को भी बाहर भेज दिया। जो भी घर से बाहर गया उसका जीवन संवर गया। आपा बोली—देखो ना दूसरी बहन अलिशा का निकाह आपा के देवर से हो गया वह बहुत ही ख़ुश है। रहे दूसरे भाई जान तो उन्होंने उच्च शिक्षा ली और सायंटिस्ट के पद पर है। लंदन में रहते है। और बची मैं। वह तुम्हारे सामने हूँ। मुझे उन पर बहुत दया आयी। मैंने बोला—आपा आप भी क्यूँ नहीं चली गयी? वह बोली—बेटा किसी

एक को तो घर में सैक्रिफ़ायस करना पड़ता है। मैं भी चली जाती तो अब्बा का ख़याल कौन रखता। अब्बा को लगने लगा था कि अम्मी के लाड़ ने मुन्ना भाई को निकम्मा बना दिया है। इसी बीच भाई को किसी लड़की से एकतरफ़ा प्यार हो गया। वह रोज़ उसके घर के बाहर चक्कर लगाने लगे। लड़की के अब्बा ने हमारे अब्बा को बता दिया। अब्बा बहुत बिगड़े। मुन्ना भाई यह रुसवाई बर्दाश्त न कर पाए। और अपने में ही रहने लगे। होली वाले दिन उन्होंने अपनी जान लेने की कोशिश करी थी। अम्मी को यह कभी समझ नहीं आया की उनका यह प्यार भाई की ज़िंदगी बर्बाद कर रहा है। पढ़ाई उन्होंने बीच में ही छोड़ दी। जब इंसान कुछ नहीं करता है तो अवसाद होना स्वाभाविक ही है। अब्बा के इंतक़ाल के बाद अम्मी को कुछ अपनी ग़लतियों का अहसास होने लगा था। लेकिन तब तक देर हो चुकी थी। भाई शायद पागल होते जा रहे थे। अक्सर वह ज़ोरों ज़ोरों से रोते थे। बड़ी आपा ने यह सब देखा और इसीलिए चारदीवारी ऊँची कर दी। वह बोली शायद उस समय दिमाग़ी डॉक्टर को दिखा देते तो कुछ फ़ायदा हो जाता। और फिर तो तुम लोगों को पता है की दिमाग़ी संतुलन बिल्कुल बिगड़ गया और उन्होंने चचा को जान से मारने की कोशिश करी। उन्हें ज़ंजीरों से बांधना पड़ा था। अम्मी यह सदमा बर्दाश्त न कर पायी। जितने दिन ज़िंदा रही बस भाई के लिए ही रोती रही। धीरे धीरे उन्होंने खाना भी खाना बंद कर दिया। यह हरा भरा चमन उजाड़ हो गया। दी ने पूछा—क्या तुम्हारे बहन भाई आते थे। हाँ बारी बारी से सब आते थे। उन्होंने मुझे पूरा सपोर्ट दिया। लेकिन परिस्थियाँ ऐसी थी कि मैं घर छोड़ कर नहीं जा सकती थी। आपा ने मेरे लिया एक शरीफ़ लड़का भी निकाह के लिए ढूँढा था लेकिन मैंने मना कर दिया। मैंने हिम्मत कर के पूछ ही लिया क्या आप मुन्ना भाई को कभी देखने जाती थी? हाँ! मैं जाती थी। कभी कभी वह बिल्कुल नार्मल बात करते थे। डॉक्टर ने बताया था कि भाई सिजोफ्रेनिया बीमारी के शिकार थे। हमारी गलती की वजह से उनका केस इतना बिगड़ गया था।

अब एक आख़री प्रश्न का उत्तर बचा था। वह खुद बोल पड़ी। मैं तुम सबसे मिलने की कब से सोच रही थी। इस मकान को अब छोटे भाई ठीक करने आ रहे है। मैंने पूछा कौन रहेगा। वह बोली भाई वापस वतन आना चाहते है। वह रहेंगे। सच पूछो सब लोग घर आना चाहते है। सबके बच्चे बड़े हो गए है। उनका तो कोई इमोशनल अटैचमेंट नहीं है लेकिन हम सब की इच्छा है घर फिर

से आबाद हो जाए। मैं अब फिर से पढ़ना चाहती हूँ। इतने साल अम्मी और भाई की हालत देखते मैंने मनोचिकित्सक हॉस्पिटल में नर्सिंग की ट्रेनिंग ले ली थी। बस अब यही सेवा दूसरों की करना चाहती हूँ। काफ़ी देर हो गयी थी। हमारी अम्मा भी दी की बेटी को सम्भालते थक गयी होगी। याद आते ही हम चलने को उठे। आपा गले मिली और उनकी आँखें भर आयी। हम भी भावुक हो गए थे।

घर लौटे तो रात भर आपा की कहानी दिमाग़ में घूमती रही। लगा आदमी का जीवन भी जटिलताओं से भरा है। पहली बार महसूस हुआ की अगर हाथ पैर ना चले तो काम चल सकता है लेकिन अगर दिमाग़ ना चले तो घर तबाह हो जाते है। अभी भी हमारे समाज में मानसिक रोग को लोग रोग नहीं मानते हैं। घर वाले कहते है किसी ने कुछ खिला दिया या नज़र लग गयी है। विश्वास करे मैंने कई परिवारों को ऐसे कहते सुना है। हम बुख़ार आने पर डॉक्टर के पास जाते है लेकिन अपना या घरवालों का कुछ बदला हुआ व्यवहार को तवज्जो नहीं देते। समय रहते अगर इलाज कर दिया जाए तो कई ज़िंदगी फिर से स्वस्थ जीवन जी सकती है। अमीना आपा का साहस और लगन देखकर सर नतमस्तक हो गया। एक लड़की ने अपने परिवार के लिए अपना सुख त्याग दिया। लगा इसी लिए दुनिया चल रहीं है क्यूँकि अभी भी आपा जैसे कई लोग है जो अपना जीवन बिना किसी राग या द्वेष के सेवा में सम्पर्पित कर देते है। आपको बताना चाहोगी की मेरे सपने जो परेशान करते थे अब आना बंद हो गए है।

चुलबुली

घर में शोर मचा हुआ था। एक तरह नौकर दौड़ रहे थे। दूसरी तरफ़ दादी। मिस्टर पांडे और मिसज़ पांडे पार्टी में जाने की तैयारी में लगे हुए थे। मिसज़ पांडे आज बहुत दिनों बाद पार्टी में जा रही थी। जब से उनकी बेटी हुई थी, वह इतनी व्यस्त हो गयी थी की समय नहीं मिलता था। बड़ा बेटा दस साल का था और बेटी पाँच साल की। बेटे को सब प्यार से सैंडी कहते थे। बेटी का नाम था चुलबुली। बेटा बहुत शैतान था। दस साल का हो गया था लेकिन दिन भर उसका दिमाग़ चलता रहता था। जितना शैतान उतना पढ़ने में होशियार। पांडेजी कहते क्या डाँटूँ। जैसे बड़ा होगा सीरीयस हो जाएगा। चुलबुली अपने नाम के ही अनुरूप थी। प्यारी और दिन भर बस दौड़ लगाती रहती। दादी की दुलारी थी।

पांडेजी बड़े सरकारी अफ़सर थे। उनका काफ़ी दबदबा था। मिसज़ पांडे बहुत पैसे वाले घर की थी। उनसे न घर संभलता और न बच्चे। यह कहना ग़लत नहीं होगा की पांडे जी ही सब देखते थे। बहुत शरीफ़ आदमी थे। काम में होशियार और बहुत अनुशासन प्रिय। दफ़्तर में मातहत बहुत डरते थे। हाँ तो शोर सुनकर पांडेजी कमरे से बाहर निकले। बाहर का दृश्य देखकर उनको हँसी आ गयी। चुलबुली दिवार पर चढ़ कर बैठी थी। दादी नीचे खड़ी पुचकार रही थी। चुलबुली पूरे घर को नचाती रहती थी, लेकिन अपने पापा को बहुत प्यार करती थी। तो जैसे ही पांडे जी दिवार के पास आए और उन्होंने हाथ बढ़ा कर चुलबुली को गोदी में लेना चाहा चुलबुली हँसते हुए उनपर कूद गयी। पांडे जी का बैलेन्स बिगड़ गया और वह दोनों गिर पड़े। अच्छी चोट आयी। घर में अफ़रा तफ़री मच गयी। तुरंत डॉक्टर को इतला करा गया। ख़ैर मामला जल्दी कंट्रोल में आ गया। लेकिन इस घटना ने पांडे जी को चिंता में डाल दिया। उन्होंने चुलबुली को ध्यान से औबजर्ब करना शुरू करा। उन्हें लगा चुलबुली पाँच साल की हो गयी

है लेकिन उसकी समझ कुछ कम है। पत्नी उनकी अपनी दुनिया में ही रहती थी। दीन—दुनिया से उनको ख़ास मतलब नहीं था। वह थोड़ी स्लो भी थी। वैसे सुन्दर थी और पढ़ी लिखी भी। लेकिन घर परिवार सम्भालने में उनका ध्यान कम था।

पांडेजी की माताजी बहुत सज्जन महिला थी। उनके दो पुत्र और दो पुत्रियाँ थी। माताजी का नाम था सुनयना। उनके पति भी सरकारी नौकरी में अच्छे ओहदे में थे। लेकिन उनकी मृत्यु जब बच्चे छोटे ही थे तभी हो गयी थी। परिवार से समृद्ध थे इसलिए सुनयना को पैसों की परेशानी नहीं हुई। सास ससुर भी सज्जन लोग थे। सुनयना ने बहुत लगन से उनकी सेवा करी और बच्चों की भी परवरिश बहुत अच्छी तरह से करी। चारों बच्चों को पढ़ाया और सबकी अच्छे से शादी करी। सबसे बड़ा बेटा इंद्र मोहन सायंटिस्ट थे और बैंगलोर में रहते थे। दूसरे नम्बर की थी बेटी रतना। बेहद खूबसूरत थी। ग्रैजूएशन करते करते इतने रिश्ते आने लगे की सुनयना ने रतना की शादी एक डॉक्टर से कर दी। तीसरी नम्बर की भी बेटी ममता की शादी एक प्रशासनिक सेवा अधिकारी सी हुई थी। चौथी संतान पांडे जी थे। उनका नाम था राम मोहन। सुनयना राम मोहन को बहुत प्यार करती थी। एक तो राम मोहन सबसे छोटा था और दूसरा जब राम मोहन मात्र तीन साल के थे उनके पिता की मृत्यु हो गयी थी। सुनयना ने राम मोहन को कभी पिता की कमी महसूस नहीं होने दी थी। राम मोहन भी माँ को बहुत मानते थे। सुबह सबसे पहले उठ कर माँ के पैर छू कर उनका दिन शुरू होता था। सुनयना बहुत सुलझी और ममतामयी स्त्री थी। सबसे प्यार से बात करती थी। उनकी दिनचर्या दिलचस्प थी। सुबह पाँच बजे उठ जाती और फिर छ बजे से आठ बजे तक पूजा करती। फिर चाय पीती। घर का बाक़ी काम देखती। शाम को अक्सर बरामदे में बैठकर रामायण या कोई धार्मिक किताब पढ़ती। रात को सोने से पहले एक घंटा कोई साहित्य पढ़ती। बहु को बिल्कुल अपनी बेटी की तरह मानती थी। मिसेज़ पांडे का नाम रानी था। वह थी तो सीधी—साधी लेकिन थोड़ी अड़ियल थी। अगर कुछ ठान लेती तो किसी की नहीं सुनती थी। रानी के पिता और राम मोहन के पिता अच्छे दोस्त थे। राम मोहन के पिता के देहांत के बाद भी मिस्टर शर्मा और मिसेज़ शर्मा ने सुनयना के साथ दोस्ती बरकरार रखी इसीलिए दोनों परिवारों ने फ़ैसला करा की रानी और राम मोहन की शादी कर दे। इससे दोस्ती रिश्तेदारी में तब्दील हो गयी। सुनयना को भी रानी पसंद थी। वैसे भी दोनों बच्चों से पूछा भी

नहीं गया कि उन्हें रिश्ता पसंद है की नही। राम मोहन तो माँ भक्त थे और उन्हें कोई आपत्ति नहीं थी। और दोनों का विवाह हो गया। रानी को शायद कोई और पसंद था। लेकिन रानी ने कोई बवाल नहीं किया। सुनयना को इस बात का पता चल गया था कि रानी को संगीत सिखाने कोई गुरुजी आते थे। वह विवाहित थे। रानी को उन्होंने मीठी बातों में ऐसा फँसाया की वह उन्हें अपना दिल दे बैठी। गुरुजी ने रानी के दिमाग़ को इतना कंट्रोल कर लिया था की वह पैसे गहने लेकर उनके साथ भागने को तयार हो गयी। खुदा के फ़ज़ल से घर के पूराने नौकर को कुछ शक हो गया और अनहोनी होने से बच गयी। आनन फ़ानन में मामला दब गया। लेकिन रानी को अपनी गलती का अहसास हो गया। रानी की माँ अपने पति से बहुत डाँट भी खायी। कोई ग़लत नहीं था। माँ ने कभी बेटी पर ध्यान नहीं दिया था। रानी की अपनी माँ से कोई बांडिंग नहीं थी। सुनयना को छोटे से रानी पसंद थी। उसे पता था प्यार के अभाव में रानी ने ऐसा करा था। इसलिए उसने खुद रानी का हाथ अपने बेटे के लिए माँग लिया था। रानी को सुनयना अपनी बेटी समान ही मानती थी। रानी भी उसे बहुत प्यार करती थी। मिस्टर शर्मा सुनयना के इस बड़प्पन के मुरीद थे। वह परिवार का बहुत ख़याल रखते थे। जैसा कि मैंने आपको बताया सुनयना बहुत सभ्य और परिपक्व महिला थी। समय बीतता गया। रानी के दिमाग़ में उस घटना का गहरा असर हुआ था। पांडेजी और उसके संबंध खराब नहीं थे। लेकिन कुछ कमी थी। राम मोहन ने माँ को कभी रानी के वैरागी व्यवहार के लिए कुछ नहीं कहाँ। माँ—बेटा का प्यार और आपसी संबंध के बीच कुछ भी शिकायत आने की गुंजाइश नहीं थी। हाँ तो उस दिन की चुलबुली की घटना को लेकर सुनयना भी कुछ सोच में पड़ गयी थी। उसने राम मोहन से कुछ नहीं बोला। एक पत्र उसने बेटी रत्ना और उसके डॉक्टर पति यानि दामाद को लिखा। चुलबुली के बारे में आशंका जतायी और आग्रह करा की अगर हो सके तो आकर देख जाए। पत्र पढ़कर रत्ना और उसके पति डॉक्टर आयुष ने तुरंत जाने का प्रोग्राम बना लिया। पहली बार माँ ने कोई आग्रह करा था उसको टाला नहीं जा सकता था। तो रत्ना और डॉक्टर आयुष आ गए। सुनयना बेटी दामाद के आने से बहुत ख़ुश हुई। राम मोहन और रानी भी अचानक आए मेहमानों के आने से ख़ुश थे। माँ ने बेटे को बताया की उसने दोनों को अचानक क्यूँ बुलवाया है। राम मोहन ने माँ से बताया की वह भी थोड़ा चुलबुली को लेकर चिंतित है।

आयुष ने चुलबुली को पूरे दो दिन ध्यान से देखने के बाद बताया की इसे डॉक्टर को दिखा देते है। और फिर आयुष के एक डॉक्टर दोस्त जो की मनोचिकित्सक था उसको चुलबुली को दिखाया गया। पता यह चला की चुलबुली का आइकयू अभी तीन बरस के बच्चे के बराबर है। डॉक्टर ने कहा कुछ बच्चे थोड़े स्लो लर्नर होते है। इसलिए अभी कुछ कहाँ नहीं जा सकता। हो सकता है मेंटल डिवेलप्मेंट थोड़ा लेट हो।

डॉक्टर के पास से वापस आए तो सब थोड़ा सोच में पड़ गए। उस रात माँ—बेटे को नींद नहीं आयीं। सुननया को चिंता यह हुई की जब तक वह ज़िंदा है सम्भाल लेगी लेकिन उसके जाने के बाद बेटे को ही चुलबुली को सम्भालना पड़ेगा। उसे पता था रानी के बस की बात नहीं है। रत्ना और आयुष दो दिन रह कर चले गए। माँ ने रत्ना से कहाँ बेटा मुझेसे मिलने आते रहना। पहली बार रतना को लगा कि माँ परेशान लग रही है। आज उसे वह थोड़ी बेबस लगीं। उसने वादा करा की वह आती रहेंगी। यह खबर सुनकर बड़ा बेटा इंद्रमोहन और बहु भी राम मोहन और माँ से मिलने आए। ममता और उसका पति अनुज भी आया। माँ ने कुछ दिन बाद राम मोहन को बुलाया और कहाँ—बेटा शायद तुम ईश्वर के सबसे क़रीब हो इसीलिए ईश्वर ने तुम्हें इतनी बड़ी जिम्मेदारी सौंप दी है। जब तक मैं हूँ तुम्हें चिंता करने की ज़रूरत नहीं है लेकिन चुलबुली को तुम्हें ही सम्भालना पड़ेगा। शायद रानी को भी देखना पड़े। अब हमें कुछ फ़ैसले लेने पड़ेंगे। सैंडी को भी बताना पड़ेगा और उसकी पढ़ाई पर भी ध्यान देना पड़ेगा। तुम अपनी ज़िंदगी बहुत अच्छे से इसके साथ जियो। घर में अब दो तीन औरतें ही काम के लिए रखो। कभी भी इसको परेशानी न समझना। अगर ऐसा सोचोगे तो ज़िंदगी अच्छे से बीतेगी। हमें नहीं पता हमारे जीवन में क्या लिखा है।

आज चुलबुली पूरे चालिस वर्ष की हो गयी है। पांडे जी ने माँ की बात को गाँठ में बाँध कर रखा। सुननया को दुनिया से गए पाँच वर्ष हो गए है। उसने पूरी ज़िम्मेदारी से चुलबुली को बहुत कुछ सिखा दिया था। चुलबुली बहुत खूबसूरत है। गोरी लम्बे बाल और नीली आँखें। लम्बाई क़रीब पाँच फ़ीट तीन इंच। काया छरछरी। रानी कुछ बीमार रहने लगी है। सैंडी में बहुत बदलाव आया। उसने पढ़ाई में मन लगाया। पाड़े जी को कभी उसके लिए सोचना नहीं पड़ा। जब उसका यूअस (US)की बहुत अच्छी यूनिवर्सिटी से पीएचडी (Phd) के लिए कॉल आया तो

वह अपने पिता को छोड़ कर नहीं जाना चाहता था। वह जानता था उसके पिता के ऊपर उसकी माँ और चुलबुली दोनों को सम्भालने की ज़िम्मेदारी है लेकिन पिता ने उससे ज़बर्दस्ती भेजा। उन्होंने कहाँ बेटा तुम अगर अच्छा करोगे तो मुझे बहुत ख़ुशी होगी और जब मैं नहीं कर पाऊँगा तो तुम्हें बुला लूगा। लेकिन अभी जाओ।

आप सोच रहे होगे मेरा इस परिवार से क्या रिश्ता है। पांडे जी और मेरे पिताजी अच्छे दोस्त थे। हालाँकि राम मोहन पिताजी से उम्र में काफ़ी छोटे थे। लेकिन दोनों की जमती थी। मुझे लगता है पिता का साया बचपन में उठ गया था। इसलिए शायद मेरे पिताजी में वह अपने पिता की छवि देखते थे। उनकी दोस्ती हमारे परिवार से पड़ोसी होने के नाते हुई थी। मेरी माताजी की भी सुनयना चाचीजी से दोस्ती हो गयी थी। मैं पांडे जी को भाई साहेब बोलती थी। और रानी को भाभी। उनकी ज़िंदगी की किताब का एक एक पन्ने से मैं वाक़िफ़ हूँ। जब से हमारी परिवार की दोस्ती हुई शायद ही कोई दिन गया हो जब हमने साथ में चाय न पी हो। पूरी लाइफ़ में कोई ऐसी चीज नहीं जो राम मोहन भाइसाहेब ने हमारे परिवार के साथ साँझा न करी हो। हम सब राम मोहन भाईसाहेब की बहुत इज़्ज़त करते थे। इतना आदर्श बेटा पति और पिता मैंने अपने जीवन में तो और कोई नहीं देखा। चुलबुली को देख कर लगता नहीं था कि वह मानसिक रूप से थोड़ी मंद है। वह बहुत अच्छी तरह अपने वरांडे में दादी के साथ अक्सर बैठी दिखती। पंछियों और तितलियों को देखती और मुस्कुराती। एक दिन हमारे घर दूर के मामा के लड़के आए हुए थे। चुलबुली को देखकर दिल दे बैठे। मानने को तयार नहीं हुए की चुलबुली को मानसिक रीटार्डेशन है। जैसे जैसे चुलबुली बड़ी हो रही थी उसको सम्भालना मुश्किल हो रहा था। चाचीजी की मृत्यु से भाईसाहेब बहुत आतुर हो गए। उस दिन पहली बार वह मुझे बहुत अकेले दिखे। रानी भाभी को भी अब देखना पड़ता था। उन्हें लो बीपी (BP) की शिकायत रहती थी और वह अक्सर बेहोश हो जाती थी। लेकिन भाइसाहेब माँ—बेटी को हर जगह घूमाने ले जाते थे। बड़ी गाड़ी में ड्राइवर, वह और दो नौकरानियाँ और भाभी और चुलबुली। देखकर बहुत अच्छा लगता था। दिन ऐसे ही बीत रहे थे। मेरी शादी हो चुकी थी और मेरा भी दूसरे शहर से घर आना कम हो गया था।

आज जब माँ का फ़ोन आया की रानी भाभी नहीं रही तो सब कुछ आँखों के आगे दिखने लगा। मन बहुत ख़राब हो गया। मुझे लगा रानी भाभी के जाने

से भाइसाहेब को बहुत अकेलापन लगेगा। मैं मिलने आ गयी। बहुत उदास थे। उनके सब भाई—बहन आए हुए थे। सैंडी भी आया था। मुझसे मिलकर भाईसाहेब पहली बार रोये। बोले रानी बहुत सेंट्ली थी। वह मेरा माँ के जाने के बाद बहुत बड़ा सहारा थी। मुझे अब चुलबुली की बहुत चिंता है। मेरी उम्र भी पैंसठ साल की हो गयी है। अगर मैं न रहा तो इसको कौन देखेगा। मैं सैंडी पर कोई भार नहीं डालना चाहता। मैंने कहा आप ने पूरी ज़िंदगी बहुत हिम्मत और शिद्दत के साथ बितायी हैं। कुछ बातें ईश्वर पर छोड़ देनी चाहिए। जिसने उसको जीवन दिया उसने उसके लिए कुछ सोच रखा होगा। उन्हें मेरी बात समझ आयी और वह उठ खड़े हुए। भाई साहेब ने फिर नए जोश से जीना शुरू कर दिया। उनकी बहन रत्ना ने चुलबुली का गयानोलीजीकल इशूज़ को लुक आफटर कर लिया था। एक बेटी की माँ होने के नाते मुझे अब समझ आता है कितना मुश्किल था भाईसाहेब के लिए चुलबुली की देख भाल करना।

आज भाईसाहेब दुनिया में नहीं है। लेकिन इतने सज्जन आदमी का बेटा भी बहुत सज्जन है। वह वापस भारत आ गया था। पिता की उसने बहुत सेवा करी। उसकी पत्नी बहुत अच्छी लड़की है। चुलबुली का ध्यान रखती है। भाईसाहेब चैन से इस दुनिया से गए इसकी मुझे बहुत ख़ुशी है।

राम मोहन पांडे की कहानी सुनाने का मेरा एक मक़सद है। जीवन में हम छोटी बातों को लेकर परेशान हो जाते है। हमारे बच्चे अगर पढ़ाई में अच्छा नहीं करते तो हमें स्ट्रेस हो जाता है। अगर ज़िंदगी में कुछ हासिल नहीं होता हम मुँह लटका लेते है। कितने परिवार है जो हर तरह की परिस्थिति में भी ख़ुश रहते है? लोग ऐसी बातों से परेशान रहते है जिसका जीवन में कोई खास महत्व नहीं होता। पाड़ेजी के परिवार ने मुझे ज़िंदगी को सही तरह से जीने का मायना सिखाया। हर परिस्थिति का मुक़ाबला सहजता से करना सिखाया। सिखाया की अपनी ज़िंदगी में आयीं परेशानियों का रोना नहीं रोना चाहिए। ज़िंदादिली तरीक़े से जीने का मतलब सिखाया। पांडे जी एक मिसाल है।—त्याग की . कर्मठता की और साहस की। आज सब बातें मुझे आंख़ो के सामने आ रही है। राम मोहन आज इस दुनिया में नहीं है। उस इंसान ने इतने प्यार से अपनी बेटी को और पत्नी को सम्भाला। मुझे अक्सर याद आता है वह हर जन्मदिन जो वह चुलबुली का धूम धाम से मनाते थे। शत शत नमन पांडे जी जैसे शख़्सियत वाले लोगों को।

पश्चाताप

आज मुझे बहुत ज़्यादा बुरा लगा था। रोना आ गया। मैं चुपचाप बाथरूम में घुस गयी। थोड़ा रो लेने के बाद नोर्मल हुई। बाहर से बेटा दरवाज़ा खटखटा रहा था। मुझे आवाज़ें सुनाई दे रही थी ममी दरवाज़ा खोलो। लेकिन मैं चुप रही। जब बाहर निकली तो बेटा और पति दोनों जा चुके थे। काम वाली बाई बोली—अरे! दीदी कब से भय्या आवाज़ लगा रहा था। बिना कुछ खाए चला गया। मैंने कुछ जवाब नहीं दिया। पहली बार ग्लानि और पछतावा हो रहा था। आज बुरा इसलिए लगा था की मेरे पति के साथ बेटे ने भी टोका था। बल्कि बेटा तो नाराज़ हो गया था। बोला ममी आज के बाद आपको कभी कुछ नहीं बताऊँगा। पति भी बोल पड़े। तुम्हें ज़रूरत क्या थी यह सब कहने की। मुझे महसूस हुआ आज मेरे पति बहुत ख़ुश हुए होगे क्यूँकि बेटा भी उनके साथ था। वह फिर बोले तुम दूसरों के मैटर में क्यू बोलती हो? मैं चुप रही। अहसास हुआ शायद ग़लत कर दिया। लेकिन मक़सद तो भलाई थी। मैं क्यूँ इमोशनल हो जाती हो? आज मैंने प्रण करा आज के बाद किसी से मतलब नहीं रखूँगी।

इस बात को पूरे सात साल हो गए है। अचानक मोबाइल की आवाज़ से मैं चौकी। देखा बेटे का स्टेट्स से फ़ोन है। मैंने तुरंत उठाया। बात चली रही थी कि उसने पूछा—ममी विशाल कैसा है? मैं चुप हो गयी। गला भर आया था। बस इतना ही बोल पायी बेटा पथेटिक। दोनों चुप हो गए। फिर उसने धीरे से बोला—मोम सारी। आज से सात साल पहली की घटना याद आ गयी।

मेरे पति के सीनीयर थे आलोक कुमार। हम एक ही सुसायटी में रहते थे। मिसज़ कुमार मेरी अच्छी सहेली थी। मेरा बेटा और उनका बेटा विशाल एक ही स्कूल में पढ़ते थे और दोस्त भी थे। दोनों बच्चे पढ़ाई में अच्छे थे। विशाल बहुत प्यारा बच्चा था। मैं उसे अपने बेटे जैसा ही मानती थी। दोनों हाई स्कूल

की परीक्षा में अच्छे मार्क्स लाए थे। हाई स्कूल के बाद बच्चों में अचानक बहुत बदलाव आता है बच्चों में। बच्चे भी अपने को बड़ा समझने लगते है और माँ बाप भी उनको थोड़ी ढील देना शुरू कर देते है। कारण कोचिंग आदि के कारण बच्चे बहुत व्यस्थ हो जाते है। इसके बाद क्या करना है? कहाँ पढ़ना है? आदि कई प्रश्न खड़े हो जाते है। उस दिन की घटना के बारे में बता देती हूँ। मुझे महसूस हो रहा है आप थोड़ा नाराज़ हो रहे है कि मैं क्या बोले जा रही हूँ। हाँ तो बात यह थी की मैं पिछले कुछ महीनों से देख रही थी की विशाल अब अपने दोस्तों के साथ नहीं दिखता है। मैंने एक दिन अपने बेटे से पूछ लिया। उसने थोड़ा टाल मटोल कर जवाब दिया। मैंने जब ज़ोर दिया तो उसने बताया की विशाल की अब दोस्ती अलग तरह के लड़को से हो गयी है। क्या लड़की का चक्कर हैं। उसने मुझे ग़ुस्से से देखा और बोला ममी आप का दिमाग़ बस एक डारेकशन में ही चलता है। उसके फ्रेंड्ज़ खाते पीते है। ओह! मैंने बोला क्या शराब पीने लगा है। अब मेरे सामान्य ज्ञान पर उसे और ग़ुस्सा आया। वह बोला ममी आप रहने दो। आप को समझ नहीं आएगा। मुझे भी कुछ ग़ुस्सा आया। अरे! क्या समझ नहीं आएगा? ज़रूर ड्रग के चक्कर में पड़ गया होगा। बोला उसके फ्रेंड्ज़ लेते है। उसके बारे में जानकारी नहीं है। और उसकी स्ट्रीम अलग है। इसलिए हमारे क्लासेज़ अलग होती है। बात ख़त्म।

मुझे अच्छा नहीं लगा। विशाल मुझे बहुत प्रिय था। मुझे अपने बेटे की बातों से लगा वह भी इससे परेशान है। अभी कल ही की तो बात है जब दोनों दौड़ते हुए मेरे पास आते थे और आइसक्रीम खाने की ज़िद करते थे। ख़ैर। मैं भी काम में लग गयी। मुझे लगने लगा था की मैंने नौकरी छोड़ कर अच्छा नहीं करा। मैं तो और बिज़ी रहने लगी हूँ। शादी से पहले मैं एक अच्छे स्कूल में पढ़ाती थी। शादी के बाद भी कंटिन्यू करा। जब बच्चे हो गए तो जॉब करना मुश्किल हो गया। मेरे पति ने कहाँ अभी बच्चों को देखो। बड़े हो जाएँगे तो वापस जाइन कर लेना। कौन सी सरकारी नौकरी है। फिर मिल जाएगी। मुझे बात सही लगी और हम घर बैठ गए। फिर वापस नौकरी करने का दिन नहीं आया। मुझे लगता है मेरे पति को मेरा घर रहना सूट करता था। निश्चिंत जो हो गए थे घर की ज़िम्मेवारीयों से।

विशाल की ममी से मेरी दोस्ती अच्छी थी। वह सरकारी नौकरी करती थी। किसी ट्रेनिंग इन्स्टिटूट में थी। खूब अच्छी तरह बन-ठन कर ऑफ़िस जाती थी।

एक ही बेटा था। मेरे दो बच्चे थे। बेटी अभी छोटी थी।

इस बात को दो हफ़्ते हो चुके थे। मधु यानी की विशाल की ममी आज शाम लिफ़्ट में मिल गयी। हमारी मुलाक़ात काफ़ी समय बाद हुई थी। वह मुझे ज़िद कर अपने फ़्लैट ले गयी। इधर उधर की बातों के बाद पता चला कि दोनों मियाँ—बीबी पेरिस घूमने जा रहे है। मैंने पूछा और विशाल? वह हँसी और बोली—अरे! विशाल अपनी स्टडीज़ में बिज़ी है। वह नहीं जा रहा। मुझसे रहा नहीं गया और मैंने वह बोल दिया जिसको लेकर मैंने अपने बेटे और पति की डाट खायीं। मैंने कहा—मधु बुरा न मानो तो एक बात बोलो। वह बोली हाँ बोल न। मैंने कहाँ मुझे लगता है तुम्हें विशाल के ऊपर थोड़ा ध्यान देना चाहिए। मधु के हाव भाव एकदम से बदले। बोली तुम कहना क्या चाहती हो? मुझे तब भी समझ नहीं आया की मैं सीमा लांघ रही हो। मैंने कहा-पता नहीं मुझे ऐसा लगता है की आजकल उसकी दोस्तों की कम्पनी ठीक नहीं है। मधु को बहुत बुरा लग गया। वह थोड़ी रूखे अन्दाज़ में बोली—मैं अपने बेटे को अच्छे तरीक़े से जानती हूँ। तुम घर में रहती हो इसलिए तुम्हें पता नहीं। ज़माना बदल रहा है। बेटा जब बड़ा हो जाए तो उसे स्पेस देनी चाहिए। विशाल बहुत समझदार बच्चा है। तुम्हें परेशान होने की ज़रूरत नहीं। अब आप समझ सकते है मेरा क्या हाल हुआ होगा। चाय भी पीना भारी हो गया। मधु के रूखे व्यवहार ने मुझे काफ़ी आहत कर दिया था। मुझे लगता है उस दिन मुझे राहु केतु दोनों ग्रहो ने जकड़ रखा था। इसीलिए एक के बाद एक गलती कर रही थी। घर आकर पति को पूरी बात बता दी। पति चुप रहे। लेकिन जब बेटे को पता चला तो वह ज़्यादा नाराज़ हुआ। और फिर पति भी क्यूँ ऐसा सुनहरा मौक़ा हाथ से जाने देते। उन्होंने आग में घी डालने का काम करा। बस भीष्म पितामह की तरह एक वाक्य बोला। तुम्हें क्या ज़रूरत थी? जैसा मैं आपको बता चुकी हूँ मुझे उस दिन कितना बुरा लगा। अब सोचती हो बेटे और पति के बोलने से नहीं लगा। इसलिए लगा की मुझे अपने ऊपर ग़ुस्सा आया की मैंने मधु से क्यूँ बोला? कोई भी माँ अपने बच्चों की बुराई किसी और के मुँह से नहीं सुन सकती है। शायद मैं भी ऐसे ही रीऐक्ट करती। नहीं! शायद मैं न करती। मैं पता लगाती की सही है की नहीं। मुझे लगा मेरे बेटे का भी नाराज़ होना जायज़ था। बच्चे अपने फ़्रेंड्ज़ की प्राइवेट बातें नहीं साझा करना चाहते है। मेरी इस बात का असर बहुत दूर तक हुआ। उसी महीने मेरे पति का ट्रान्सफ़र ऑर्डर आ गया।

शाम को जब ऑफ़िस से घर आए तो उन्होंने धीरे से मुझे ही इसका ज़िम्मेवार ठहराया। कारण मधु के पति मिस्टर कुमार मेरे पति के सीन्यर थे और बॉस के क्लोज़। हो सकता है मेरी अभद्रता की वजह से ही हुआ होगा। मैंने भी मन ही मन अपने को दोषी मान लिया। हमारी परेशानी काफ़ी बढ़ गयी। क्यूँकि मेरा बेटा इंटर बोर्ड में था मुझे यही रुकना पड़ा। मकान भी छोड़ना पड़ा। मैं और बच्चे किराए के मकान में रहने चले गए। शुरू में थोड़ी दिक़्क़त आयी लेकिन फिर ज़िंदगी ढर्रे पर चल पड़ी। मैंने अपने बच्चों के स्कूल के पास ही एक छोटा मकान किराए पर ले लिया था। ईश्वर जो करता है उसको शांति से स्वीकार कर लेना चाहिए। मुझे बच्चों के स्कूल में नौकरी मिल गयी। पति महाशय शुक्रवार की रात को ट्रेन में बैठते थे और शनिवार की सुबह पाँच बजे आ जाते। इतवार की रात चले जाते। क्यूँकि शनिवार और इतवार मेरी भी छुट्टी रहती थी कोई परेशानी नहीं होती थी। दूसरी बात अलग रहने से पति को मेरी अहिमियत पता चली। सबसे अच्छी बात यह हुई की मैं पूरी जी जान से अपने बेटे को पढ़ाने में लग गयी। बोर्ड की परीक्षा में उसने अच्छा रिज़ल्ट करा साथ में उसका अड्मिशन भी एक अच्छे स्टेट्स की यूनिवर्सिटी में हो गया। अब क्यूँकि इस शहर में रहने की ज़रूरत नहीं थी मैंने पति के शहर में शिफ़्ट कर लिया। बेटी का अड्मिशन करा दिया और मुझे भी फिर से बेटी के स्कूल में ही जॉब मिल गया। बेटा भी स्टेट्स पढ़ाई करने चला गया।

इस बात को बीते पूरे पाँच साल हो गए। हम वापस पुराने शहर में आ गए। पति महोदय का तबादला फिर से जो हो गया था। मैं मधु से पूरे सात साल से नहीं मिली थी। सच कहूँ तो मुझे कभी—कभी उसकी याद आती थी। विशाल से भी मिलने का मन हो रहा था। एक दिन मैंने पति से पूछा—कुमार साहेब अभी भी इसी ऑफ़िस में हैं। पता चला वह अब सेवा—निवृत हो चुके है और अपने मकान में चले गए है। मुझे पता था की उन्होंने मकान कहाँ बनाया था। मधु ने बताया था। मैं अपने को रोक न सकी और एक दिन अपने पति को बिना बताए मधु के घर चली गयी। थोड़ा नर्वस थी। किसी तरह पहुँची। बाहर से घर का हाल बहुत बुरा था। बिल्कुल उजाड़। ख़ैर! मैंने हिम्मत करके बेल दबायी। अंदर से एक औरत की धीमी आवाज़ आयी। कौन है? मैंने फिर बेल दबा दी। अबकी बार किसी की पैरो की आहट दरवाज़े की तरफ़ आती सुनायी दी। मेरा दिल ज़ोरों से धकड़ने लगा। एक बार सोचा वापस भाग चलूँ, इससे पहले दरवाज़ा खुल जाए। लेकिन

फिर मैंने अपने को सम्भाला। दरवाज़ा खुला। एक वृद्ध महिला बाहर आयी। देखकर मैं अवाक् हो गयी। मधु ही थी। उसने भी मुझे ध्यान से देखा और फिर ज़ोर से चीखी अरे! मनु तुम। और गले लग गयी। फिर अंदर ले गयी। आवाज़ लगायी आलोक देखो कौन आया है। आलोक एक कमरे से निकल कर आए। उनकी हालत भी ख़राब दिखी। मैंने नमस्ते की और उन्होंने हाल चाल पूछा। थोड़ी देर बैठे। मधु इस बीच उठ कर चाय बना लायीं। चाय पीकर आलोकजी उठ कर अपने कमरे में चले गए। हम और मधु अकेले रह गए। मधु बोली मनु तुम मिलने आयी मुझे बहुत अच्छा लग रहा है। मुझसे रहा नहीं गया और पूछ ही लिया। विशाल कहाँ है? वह बोली तुम्हें पता नहीं? मैंने कहा नहीं। मधु के आँखो से आंसू जो निकलने शुरू हुए तो हिचकियों में बदल गये। मैं डर गयी। पूछा—मधु विशाल को क्या हुआ? और फिर जो पता चला उसने मुझे बहुत दुखी कर दिया। आप भी सुने। मधु ने बताया कि विशाल की संगति ग़लत लड़कों के साथ हो गए थी। उस दिन अगर मैंने तेरी बात को सुना होता और ध्यान दिया होता तो अपने बेटे को नहीं खोती। पता चला कि विशाल ड्रग्स लेने लगा और अब वह घर पर ही रहता है। बहुत इलाज हुआ लेकिन देर हो चुकी थी। अब तो उसे ड्रग्स के इंजेक्शन देने पड़ते है नहीं तो वह दर्द से चिल्लाने लगता है। मधु ने बताया वह खुद देती है। यह सुनकर मेरे हाथ पैर काँपने लगे। मेरी आँखो से भी आंसू बहने लगे। मैंने विशाल से मिलने की इच्छा जतायी। मधु बोली तू देख न पाएगी। ख़ैर वह मुझे उसके कमरे के पास ले गयी। कमरा बाहर से बंद था। खिड़की से देखा तो लगा कोई एक नर कंकाल तख़्त में लेटा है। विश्वास नहीं हुआ। उस प्यारा से बच्चे विशाल की तस्वीर मेरी आँखों के सामने आ गयी। मधु खिड़की से बोली विशाल देखो कौन आया है। विशाल सो नहीं रहा था। शायद ऐसे ही लेटा था। उसने करवट बदली और बोला—कौन? मधु बोली—मनु आंटी। एक सेकंड को लगा उसके आँखो में कुछ चमक आयी और फिर बुझ गई। धीरे से मस्कुराया और बोला—कैसी हो आन्टी? मेरा यार कहा है? और फिर उसने आँखे मूँद ली। मैं बया नहीं कर सकती की मेरी हालत क्या हुई। मधु बोली इसकी पीड़ा देखकर लगता है इसको गोली मार दूँ और अपने को भी। सब ख़त्म कर दूँ। फिर बोली काश। मैंने बच्चे पर समय रहते ध्यान दिया होता तो उसकी ज़िंदगी बर्बाद न होती। बोली विशाल कहता है माँ अगले जन्म में तुम्हारा बेटा बन कर फिर आऊँगा।

और तब तुझे कोई शिकायत का मौक़ा नहीं दूँगा। मैंने मधु से बिदा ली और वादा करा की फिर जल्दी आऊँगी। घर पहुँची तो हालत ख़स्ता थी। मेरी हालत देख पति पहली बार सकते में आ गए। चिंतित होकर बोले तुम्हारी तबियत तो ठीक है? चलो डॉक्टर के पास चलो। मैंने धीरे से बोला। ठीक हूँ। एक घंटे के बाद मैंने पूरी बात बतायी। पति देव भी सकते में आ गए। दूसरे दिन बोले मनु—‘आई आम सारी ‘ । अगर मैंने उस दिन रीऐक्ट न करा होता तो तुम शायद विशाल को ठीक रास्ते में ले आती। मेरी हिम्मत नहीं हुई की मैं बेटे को बताऊँ। शायद मेरे पति ने उसको बता दिया। इस पूरी कहानी का मेरे परिवार पर बहुत प्रभाव पड़ा। मेरे बेटे को समझ आया की जो माता पिता सख़्त रहते है वह ग़लत नहीं होते। बच्चों को अपना बुरा भला उस उमर में कई बार नहीं पता होता है। अभिभावक होने के नाते हमारी बहुत बड़ी रेस्पॉन्सिबिलिटी होती है। चाहे बच्चों को अच्छा लगे या ना उन्हें समझाते रहना पड़ता है।

मैंने फ़ोन उठाया। बेटे ने पूछा माँ आप मधु आँटी के पास जाती है न? मैंने कहा—हाँ बेटा। उसने फिर बोला—माँ सारी आपका मैंने दिल दुखाया था। मैंने कहाँ बेटा बार बार सारी ना बोला करो। मैं अक्सर मधु के घर जाती हूँ। कभी कुछ बना कर ले जाती हूँ। कभी कोई किताब दे आती हूँ।

विशाल अब इस दुनिया में नहीं रहा। कूछ समय बाद मधु और अलोक जी ने उस घर को बेच दिया और वह पैसा ड्रग.दीअडिक्शन सेंटर को दान कर दिया। वह लोग अब वही उसी सेंटर में रहते है और वही काम कर रहे है।

मुझे पता है मधु को बहुत पश्चाताप है। मैं उन लोगों को अपने घर बुलाती रहती हूँ। और उनसे मिलती रहती हूँ। शायद मुझे भी कही न कही गिल्ट है। सोचती हूँ विशाल की इस हालत के लिए केवल मधु और आलोक ही नहीं ज़िम्मेदार है। मैं, मेरा बेटा, मेरे पति, वह स्कूल के टीचर्ज़, पुलिस और यह समाज। कही न कही सब लोग ज़िम्मेदार है। आजकल यह समस्या गहन हो गयी है। लेकिन क्या हम सब मिलकर इसको रोक पा रहे है। पता नहीं कितने और विशाल और ख़त्म होगे।

बारात आ गयी क्या?

पंडित शिव नारायण शर्मा बहुत ही भले इंसान थे। उनकी तीन बेटियाँ और एक बेटा था। दो बेटियों की शादी हो चुकी थी। दोनों की शादी अच्छे परिवार में हुई थी और दोनों बेटियाँ अपनी ग्रहस्थियों में ख़ुश थी। एक पिता के लिए इससे बढ़कर और कोई ख़ुशी की बात क्या हो सकती है। अरे! आप लोग थोड़ा शांत रहें। अभी तो मुझे आप सबको बहुत कुछ बताना है। हाँ तो पंडित शर्मा सचिवालय में डिप्टी सचिव के पद पर कार्यरत थे। आदमी अच्छे थे। न काहूँ से दोस्ती ना काहु से बैर। उनकी दिनचर्या वर्षों से बदली नहीं थी। सुबह उठकर अपने नित्य कर्म करके सैर को जाना। फिर भोलेनाथ के मंदिर जाकर जल चढ़ाना और ठीक साड़े नौ बजे दफ़्तर पहुँच जाना। शाम छह बजे दफ़्तर से उठ कर सीधे घर आना। किसी ने पंडितजी को कभी ऑफ़िस के टाइम में कुर्सी से उठते नहीं देखा। अक्सर आप ने देखा होगा सरकारी कर्मचारी ऑफ़िस पहुँचने के बाद या तो चाय नाश्ता करते दिखते है नहीं तो पान की दुकान में जमघट लगाते। पान की दुकान तो हमेशा ही आबाद रहती है। लेकिन शर्मा जी की दिनचर्या बिल्कुल फिक्ड थी। घर से वह भोजन कर के निकलते थे। फिर पूरे दिन कुछ नहीं लेते थे। घर पहुँच कर वह एक प्याला चाय पीते थे। रात का भोजन उनका दो केले और एक ग्लास दूध होता था। शायद आपको शर्मा जी अब बोर करने लगे होगे। लेकिन ऐसा कुछ नहीं है। समय और परिस्थियाँ आदमी को बहुत बदल देती है। वैसे तो शर्मा जी ने वकालत की परीक्षा पास करी थी। वह वकालत ही करना चाहते थे। लेकिन इसी बीच उन्हें एक कन्या से मुहब्बत हो गयी। कन्या के पिताजी को वकील का पेशा बिल्कुल पसंद नहीं था। उनकी धारणा थी की वकील वही बनता है जिसके पास सरकारी नौकरी नहीं होती। उन्हें सरकारी दामाद ही चाहिये था। शर्मा जी सच्चे आशिक़ थे। उन्होंने लड़की के लिए अपने वकील बनने के सपने को क़ुर्बान कर

दिया। अब देखिए ज़िंदगी में हर चीज़ तो मिलती नहीं है। इसलिए शर्मा जी ने सचिवालय के क्लेरिकल ग्रेड का इग्ज़ैम दिया और सलेक्ट हो गए। और उनकी शादी भी उनकी माशुका से हो गयी। ज़िंदगी बहुत प्यार से बीतने लगी। वह तीन बेटियों और एक बेटे के पिता बने। यह कहानी सत्तर के दशक की है। पिता के इकलौती संतान थे। घर पुश्तैनी था। खेती बाड़ी भी अच्छी थी। किसी चीज की कमी नहीं थी। लेकिन ईश्वर ने आपके भाग्य में क्या लिखा है यह कोई नहीं जानता। दो लड़कियों के बाद बेटा हुआ था। उसके बाद एक बेटी। पता नहीं छोटी बेटी के जन्म के बाद से शर्मा जी की पत्नी की तबियत कुछ नासाज़ रहने लगी। पेट में कुछ इन्फ़ेक्शन हो गया था। डॉक्टर मर्ज़ पकड़ नहीं पाए और शर्माइन ने बिस्तर पकड़ लिया। शर्मा जी के उपर पूरी घर की जिम्मेवारी आ पड़ी। बीमार पत्नी और छोटे चार बच्चे। लेकिन बिना राग लपेटे शर्माजी ने सब सम्भाल लिया। यही कारण था कि उनकी रोज़मर्रा की ज़िंदगी में इतना बदलाव आ गया। अनुशासन ज़िंदगी के लिए ज़रूरी हो गया। एक गाँव की बाल विधवा बुआ थी जो घर आ गयी और घर में ही रहने लगी। बुआजी ने बहुत सहयोग दिया। दो साल लम्बी बीमारी के बाद शर्मा जी की पत्नी चल बसी। शायद बुआजी के और शर्मा जी की सेवा ने उन्हें इतना चलाया। लेकिन मुझे लगता है वह निश्चिंत हो कर गयी होगी की उनके पति बच्चों को उनकी कमी कभी महसूस नहीं होने देंगे। शर्मा जी पत्नी के अचानक जाने से बहुत टूट गये। उन्हें विश्वास था कि पत्नी ठीक हो जाएगी। अब उनका समय ऑफ़िस जाने से पहले का और आने के बाद का बच्चों के साथ ही बीतता था। अब आपको समझ आया होगा की दो बेटियों की अच्छे घरों में शादी करने के बाद वह कितने संतुष्ट थे। बेटा भी पढ़ाई में अच्छा था। माँ की बीमारी की वजह से उसने छोटे से ही सोच लिया था की वह डॉक्टर बनेगा। और बारहवीं के बाद उसका सिलेक्शन झाँसी मेडिकल कॉलेज में हो गया। अब घर में बचे शर्मा जी, बुआजी और छोटी बेटी गौरी। पिता पुत्री का संबंध बहुत मधुर था। वह पिता को छोड़ कर कही नहीं जाना चाहती थी। गौरी भी बड़ी हो गयी थी। पूरी बाईस साल की। स्नातक पूरा करने के बाद उसने लॉ की पढ़ाई शुरू कर दी थी। उन दिनों लॉ की पढ़ाई तीन साल की होती थी और उसके लिए ग्रैजूएशन करना पड़ता था। शर्मा जी का सेवा निवृत्ति का समय पास आ रहा था और वह गौरी की शादी करना चाहते थे। गौरी और उनका बहुत झगड़ा होता इस बात को

लेकर। लेकिन पिता के बार—बार वही शादी का राग अलापने के आगे वह कुछ बोल नहीं पाती और आख़िर गौरी ने शादी के लिए हाँ बोल ही दिया। शर्मा जी ने लड़का ढूँढना शुरू कर दिया। गौरी की परवरिश बाक़ी बहनो की तरह नहीं हुई थी। छोटी होने के नाते वह बहुत दुलारी थी। बुआजी भी उससे ज़्यादा बहस नहीं करती थी। समय के साथ घर का वातावरण काफ़ी सामान्य हो गया था। ज़िंदगी को एक ढर्रे से जीते जीते शर्मा जी भी थक गए थे। अक्सर सोचते एक बार गौरी का विवाह हो जाए फिर अकेले ही निकल पड़ेंगे पहाड़ों की तरफ़। उनका सम्पूर्ण जीवन त्याग की एक मिसाल था। ऐसे हालात में कई लोग शराब का सहारा ढूँढते है और नहीं तो घरवाले दूसरा विवाह करवा देते है। लेकिन न शर्माजी ने ऐसा कुछ सोचा और न ही किया। एक कर्मठ इंसान की तरह अपने कर्तव्य का सच्चाई से पालन किया। गौरी और मैं बचपन की सहेली थी। हमारे घरों का फ़ासला मात्र दस मिनट का ही था। हम दोनों एक ही स्कूल में नर्सरी क्लास से साथ पढ़े थे। और हमने लॉ कोर्स के लिए भी साथ में ही दाख़िला लिया था।

उस दिन गौरी बहुत चहकती हुई मिली। पता चला की उसको देखने लड़का और उसका परिवार उसके घर आए थे और रिश्ता पक्का हो गया है। सबसे ख़ुशी की बात यह थी की वह अपनी पढ़ाई पूरी कर सकती थी और उसके बाद उसे जो भी नौकरी करने का मन हो वह कर सकती थी। वाक़ई बहुत अच्छी खबर थी। मैं जिस समय की कहानी सुना रही हूँ उस समय यह आज़ादी मिलना बहुत बड़ी बात थी। ज़्यादातर लड़कियाँ विवाह के बाद घर बैठा दी जाती थी। बेटियों का विवाह करना जैसे अनिवार्य ही था। दूसरी ख़ुशख़बरी थी की गौरी का होने वाला पति बहुत हैन्डसम था। अच्छी सूरत और अच्छी काठी। लम्बा, साँवला वर्ण, बड़ी मूँछें और साथ में पढ़ा लिखा। तस्वीर देखकर तो वाक़ई लगा जैसे फ़िल्मों का हीरो हो। उस जमानें में लड़कों की मूँछें होना बहुत ज़रूरी होता था। अगर मूँछें नहीं तो सब बेकार। आजकल के ब्यूटी स्टैंडर्ड नहीं थे। चिकने लड़कों को लड़कियाँ अमूमन पसंद नहीं करती थी। अब और क्या चाहिए। अच्छा परिवार, स्मार्ट लड़का और इतनी आज़ादी। हर लड़की को गौरी की क़िस्मत से रश्क होना स्वाभाविक था। ख़ैर शादी की तय्यारियाँ ज़ोरों पर थी। शर्मा जी इस शादी में दिल खोल कर खर्चा कर रहे थे। ख़ुश भी थे। दोनों दामाद लड़कों की तरह काम कर रहे थे। आज सालो बाद शर्मा जी बिलकुल चिंता मुक्त हो कर बैठे थे।

आख़िर शादी का दिन आ ही गया। सुबह की हल्दी की रस्में शुरू हुई। शर्मा जी के ऑफ़िस के पुराने साथी भी आये हुए थे। इतना शोर और हँसी की आवाज़ें किसी और बेटी के विवाह में नहीं सुनायी दी थी। बहुत लोगों का जमावड़ा था। आख़री बेटी की शादी थी। शर्मा जी का अपने समाज में बहुत सम्मान था। ऐसा जीवन बहुत कम लोग जी पाते है। उनका त्याग सबको पता था। आज शर्मा की को अपनी प्रिय पत्नी की बहुत याद आ रही थी। सच पूछो तो कमी महसूस हो रही थी। पत्नी का बड़ा सा मुस्कराता हुआ चित्र उन्होंने घर की बैठक की दीवार में लगा रखा था।

ख़ैर शाम हुई और बारात के आने का समय पास आने लगा। रिश्तेदार और मित्र बाहर की व्यवस्था देख रहे थे। अंदर गौरी अपनी सखियों के साथ मस्त थी। शर्मा की ने सोचा एक बार जनवासे की तय्यारी देख आए। बारात का आने का समय आठ बजे का दिया गया था। लेकिन सबको पता था की बारात को क्यूँकि बाहर से आना हो तो देर तो होगी ही। बारात बस से आ रही थी। उस जमाने में मोबाइल फ़ोन तो थे नहीं की एक एक मिनट का लेखा जोखा हो। लड़के वालो ने एक फ़ोन करके बता दिया था की नौ बजे तक पहुँचने की कोशिश करेंगे। मेहमान बढ़ते जा रहे थे। शर्मा जी ने अपने ख़ास लोगों के साथ मशवरा करा और फ़ैसला लिया कि घराती लोगों को खाना खिलाना शुरू करा दिया जाए। बारातियों के लिए अलग से इंतिजाम करा गया था। बाराती भी क़रीब सौ से ऊपर आने थे। शायद दो गाड़ियाँ करी गयी थी। खाना खिलाना शुरू हो गया। दूर से आने वाले मेहमान खाना खा कर जाने की तैयारी करने लगे। तब तक दस बज गया। बारात की आने की कोई खबर नहीं। लोग स्वागत की माला लेकर खड़े खड़े थकने लगे थे। और फिर साढ़े दस बजा और देखते देखते रात के बारह बज गए। अब बहुत कम लोग रह गए। फुसफुसाट शुरू हो गयी थी। बारात अब कब आएगी? तो सुनें गौरी की बारात उस दिन नहीं आयी। घर वालो का अजब हाल हो गया। कई तरह की आशंका मन में उठने लगी। मेहमान सब चले गए थे। रह गए थे केवल परिवार के लोग। सब लोग सन्नाटे में थे। कोई कुछ बोल नहीं रहा था। थोड़ी देर बाद बड़े दामाद ने कहाँ—बाबूजी हम लोग सुबह जा कर पता लगाते है। आख़िर बात क्या है। रात ऐसे ही बीत गयी। जैसे तैसे सुबह हुई। दोनों दामाद गाड़ी लेकर लड़के वालों के घर के लिए निकल पड़े। मैं तो गौरी

के साथ ही थी। कुछ समझ नहीं आ रहा था की यह क्या हुआ। शाम तक गौरी के दोनों जीजा जी लौट आए। उनके मुँह उतरे हुए थे। जो कहानी पता चली वह आप भी सुन लीजिये।

जब जीजा जी लोग लड़के के घर पहुँचे तो वहाँ मातम जैसा माहौल था। लड़के के माता पिता उनके देखते ही रोने लगे। यह लोग भी डर गए कि कोई अनहोनी तो नहीं हो गयी। लड़के के माता पिता ने हाथ जोड़कर माफ़ी माँगी। पूछने पर पता यह चला की जब बारात की तय्यारी में सब वयस्थ थे तो दूल्हे से मिलने उसका कोई दोस्त आया था। वह बाहर निकला और फिर लौटा नहीं। लौटा नहीं मतलब? गौरी के बाबा ने पूछा। जीजाजी ने बताया—लड़का घर छोड़कर कही ग़ायब हो गया। बारात वाले इंतिज़ार करते रहे। दूसरे दिन सुबह बेहोशी की हालत में लोगों को रेल्वे स्टेशन में मिला। घर वालो ने तुरंत डॉक्टर को बुलाया। लड़का अब ठीक है। अब क्या करना है? बेटियों ने पूछा। इस से पहले कोई निर्णय लेता गौरी बोल पड़ी—अब वह इस लड़के से शादी नहीं कर सकती। लोगों ने समझाने की कोशिश करी लेकिन गौरी नहीं मानी। उसके बाबूजी ने गौरी का साथ दिया। और इस तरह शादी टूट गयी। काफ़ी बातें बनी। लेकिन गौरी ने उस पर ध्यान नहीं दिया और अपनी पढ़ाई पर लग गयी। कुछ साल बाद गौरी मुझे एक कॉन्फ्रेन्स में मिली। बहुत ग्रेस्फ़ुल लग रही थी। उसने मुझे बताया वह वकालत करती है। पता चला उसका अच्छा नाम है। मैंने पूछा—बाबूजी कैसे है? बोली ठीक है। मेरी शादी की घटना से थोड़ा आहत हुए थे। फिर ठीक हो गए। हम दोनों खूब घूमते है। उसने बताया कि उसने उन्हें सब तीर्थों के दर्शन करा दिए है। मैंने पूछा—क्या तुमने शादी करी? वह बोली नहीं। मैंने पूछा—ऐसा क्यूँ? अब मन नहीं है। फिर हंस कर बोली जो अच्छा लग गया था वह बारात लेकर नहीं आया। गौरी ने मुझे बताया की वह उससे बाद में मिलने आया और उसने माफ़ी माँगी। दरसल हुआ यह कि वह एक ड्रग पेड्लर के चक्कर में पड़ गया था। फिर उसने वह धन्धा छोड़ दिया। लेकिन जैसे ही ग्रूप वालो को पता चला कि वह शादी करने जा रहा है उन्होंने उसे पकड़ लिया। शादी वाले दिन वह किड्नैप कर लिया गया था। इस धंधे में अपनी मर्ज़ी से अंदर तो आ सकते हो लेकिन अपनी मर्ज़ी से बाहर नहीं निकल सकते। मैंने कहाँ—अच्छा हुआ बारात नहीं आयी। नहीं तो तुम्हारी लाइफ़ बर्बाद हो जाती। वह बोली बिल्कुल सही कह रही है। अब सोचती हूँ उस दिन

बरात के न आने से हम सब कितने दुखी हुए थे लेकिन ईश्वर ने हमें बड़े संकट से बचा लिया। अब सोचती हूँ गौरी ने उस दिन जो फ़र्म होकर फ़ैसला करा कि उसे उस लड़के के साथ विवाह नहीं करना है वह बहुत सही था।

इस बात को बीते पूरे पंद्रह साल हो गए है। आज के अख़बार में गौरी की तस्वीर देखकर बहुत फक्र हुआ। वह हाई कोर्ट की जज नियुक्त हुई थी। मैंने तुरंत फ़ोन कर उसको बधाई दी। उसका तबादला शिमला हो गया था। उसने मुझे आने का न्योता दिया। मेरा भी बहुत मन था उससे मिलने का। तो सोचा चलो शिमला भी घूम आएँगे और गौरी से भी मुलाक़ात हो जाएगी। मैं शिमला गयी तो उसी के घर रुकी। उसके बाबूजी उसी के साथ थे। गौरी ने विवाह तो नहीं करा लेकिन एक अनाथ बच्ची गोद ले ली थी। सराहनीय कदम था। रात को हम बैठकर पुरानी बातें याद कर रहे थे। मैंने गौरी से फिर पूछा की उसने शादी क्यूँ नहीं की। क्या उसको कोई और अच्छा नहीं लगा। वह कुछ देर बाद बोली—उसने भी नहीं करी। मैंने पूछा क्या तुम लोग एक दूसरे से बात करते हो। मेरी जिज्ञासा अचानक बढ़ गयी। बोली हाँ! बात होती है। वह भी बहुत अच्छा काम कर रहा है। अनाथ बच्चों के लिए एक एनजीओ चलाता है। मुझे कुछ समझ में आने लगा था। शायद उसके ही प्रयास से गौरी ने बच्ची गोद ली थी। गौरी ने बताया मेरी बारात न आने पर बाबूजी परेशान तो हुए थे। लेकिन उनकी आस्था अपने भोलेनाथ पर से बिल्कुल नहीं डगमगायीं। और देखो न सब अच्छा ही हुआ।

मुझे महसूस हुआ प्रेम के कई रूप होते है। गौरी का प्रेम भी अलग क़िस्म का था। इसका उदाहरण है दोनों का विवाह न करना। हर प्रेम कथा विवाह में नहीं परिणत होती। और प्रेम के विविध आयाम होते है। कुछ लोगों की ज़िंदगी त्याग के लिए ही बनी है। गौरी और उसके पिता एक मिसाल है। दोनों ने अपनी ज़िंदगी अलग अलग तरीक़े से समर्पित करी। दोनों ने जीवन में आये भूकम्प का बहुत शांति से सामना किया और किसी तरह का कोई दुराग्रह वयक्तिय में नहीं पनपने दिया। सच ऐसे लोगों को हृदय से प्रणाम।

मन से उतर गयी

सुबह जब जल्दी-जल्दी ऑफ़िस जाने की तैयारी में लगी हुई थी तभी मलुवा चोकीदार ने आकर इत्तिला करी की एक औरत आयी है काम के लिए। मैं झल्लायी। एक तो वैसे ही देर हो रही है और यह महाशय खड़े हो गए डुगडुगी बजाने। फिर याद आया मैंने ही तो कहा था कोई ढूँड कर लाओ मेरे पर्सनल काम के लिए। सो कहा। भेज दो ऊपर। वह तुरंत आकर खड़ी हो गयी। साँवली पतली काया, क़रीने से धोतीं पहने, तेल लगे चिपके बाल, बड़ी सी बिंदी चमकती आँखें और मृदु मुस्कान। उम्र यही कोई तीस बत्तीस साल। उसे देखकर मेरा ग़ुस्सा काफ़ूर हो गया। मैंने तुरंत कैल्क्युलेट करा। देखने में तो अच्छी लग रही है। साफ़—सुधरी। कुछ था उसकी मुस्कान में जो भा गया मुझे। मैंने पूछा—नाम क्या है? हँसकर बोली—भाभी—चंद्रकला। मैंने तुरंत टोका। दीदी बोलो। पता नहीं क्यों भाभी सम्बोधन मुझे भाता नहीं। दीदी बुलाने पर कुछ बड़े होने का अहसास होता है। शायद परिवार मे छोटी होने के कारण मन के किसी कोने में अपने को भी दीदी बुलवाने की कोई दबी इच्छा होगी। वह तुरंत बोली जैसा आप चाहें। कुछ ही दिन में वह परिवार के सदस्य की तरह अंतरंग हो गयी। उसने मेरा सब काम सँभाल लिया। मैं ख़ुश तो परिवार भी ख़ुश। क्योंकि जब काम नहीं हों पाता है वयस्था के कारण तो ग़ुस्सा तो परिवार वालों पर ही निकलता है।

वह क़िस्से-कहानियों का पिटारा थी। मुहल्ले की औरतों की दिनचर्या और कुछ दबी बातें बताने को हमेशा उत्सुक। लेकिन मैं उसे कभी प्रोत्साहन नहीं देती थी। मुझे हमेशा लगता है जो दूसरों की बातें मुझे बताते है मेरे घर की बात दूसरों को बताते होगे। मिडल क्लास फ़ैमिलीज़ को यह डर हमेशा लगा रहता है। कोई उनके बारे में कुछ ग़लत ना सोचे ना बोले। वह डिस्कर्स्ड नहीं होना चाहते है। यह बहुत बड़ा डबल स्टैंडर्ड है। दूसरों के बारे में जानना चाहते है और अपनी

बातों को छुपाएँगे। अमीरों को इसका कोई टेन्शन नहीं। उनकी तो पेज थ्री में पूरी गाथा आ जाती है। ग़रीबों की ज़िंदगी तो वैसे ही सड़क पर खुलें मे बीतती है। तो साहेब समस्त सॉसायटी के नोर्मस को मानने का ज़िम्मा तो हम मिडल क्लास के कन्धे में ही है। स्टैटस वालों की बातें बनाते है लेकिन कही न कही उनकी आज़ादी उन्हें आकृष्ट करती है।

तो हाँ हम कहानी पर पुन:आते है। धीरे-धीरे समय बीतने लगा। वह मेरी हम उम्र ही थी लेकिन कभी थकती नहीं थी। मैं नौकरी और दो बच्चों के काम के साथ इतनी शिथिल हो जाती लेकिन चंद्रकला छह बच्चों की माँ हर समय चहकती रहती। मैं सोचती यह भी तो अपने बच्चों को देखती है और मेरे यहाँ काम भी करती है। फिर भी कभी थकती नहीं, न ही मुँह गिराती है। फिर मेरा दंभ रोड़े लगाता। अरे! मैं मेंटल काम करती हूँ इसलिए थकती हूँ।

चंद्रकला की चार बेटियाँऔर दो बेटे थे। मैं उसे अक्सर पूछती। बच्चों को स्कूल भेज रही हो ना। जरूर पढ़ाओ। वह बोली—दीदी लड़के पढ़ना नहीं चाहते और लड़कियाँ पढ़ने जाएगी तो घर का काम कौन करेगा। मुझे बहुत ग़ुस्सा आता। लेकिन फिर लगता उससे यह तो कह नहीं सकती काम छोड़ कर घर बैठ जाओ। उसे पैसों की ज़रूरत थी घर चलाने के लिए। मुझे नौकरी की ज़रूरत थी अपनी इंटेलेक्चुयल नीड को पूरी करने के लिए। अगर देखे तो ज़रूरत दोनों की थी। लेकिन मेरे दबाव में उसने तीन लड़कियों को स्कूल भेजना शुरू कर दिया। उसका एक ही सपना था किसी तरह लड़कियों की शादी कर दे। कहती दीदी शादी हो जाए तो समझो हम गंगा नहा आए। सब माँओं के अलग अलग सपने होते है। उसके हर समय शादी की चिंता देख मुझे जेन ऑस्टिन की नॉवल 'प्राइड एंड प्रेजुडिस'की याद आती। उसमें भी नायिका की माँ मिसज़ बेनेट अपनी बेटियों की केवल शादी की ही चिंता करती है। ख़ैर चंद्रकला की एक बेटी की शादी धूमधाम से हो गयी। सबने मदद की और ख़ुशियाँ मनायी।

फिर मेरा ट्रान्स्फ़र का ऑर्डर आ गया। उसने सुना तो बहुत रोईं। मुझे भी बहुत ख़राब लग रहा था। आदत हो गयीं थी उसकी और अनजाने में शायद मैं उसकी फ़ैमिली का हिस्सा बन गयी थी। उसकी प्राब्लम्ज़ कब मेरी हो गयी थी मुझे पता ही नहीं चला। रिश्तों का कोई नाम नहीं होता है। वह धीरे-धीरे आप के सिस्टम में ग्रो करते है। इसी तरह शहर भी ग्रो करते है। जब मेरा कलकत्ता ट्रान्स्फ़र

हुआ था मुझे बहुत बुरा लगा था। लेकिन वहाँ दो साल रहने के बाद कोशिश करने के बाद वहाँ से ट्रान्स्फ़र हुआ तो और ज़्यादा बुरा लगा। हाँ तो मैंने अपने अश्रुओं को रोका। कामकाजी महिलाओं को अपने इमोशंज़ को कंट्रोल करने की आदत होती है। लेकिन चंद्रकला बहुत रोईं। मैंने अपने सगे सम्बन्धियों को चंद्रकला को सौंपा और चल पड़ी परिवार के साथ नए गंतव्य की ओर। समय बीतता गया। कभी कभी जब मैं घर जाती तो चंद्रकला से मुलाक़ात हो जाती। लेकिन अब वह मेरे मायके वालों से ज़्यादा क्लोज़ हो गयी थी।

लेकिन ज़िंदगी हमेशा सरल और हैपी नहीं चलती। कहानी में अब मोड़ आया। चंद्रकला ने दूसरी लड़की की भी शादी कर दी। वह बहुत ख़ुश और हम सब भी ख़ुश। अब बच गयी थी दो लड़कियाँ। दोनों बराबर की ही थी। शायद दोनों में एक साल का ही फ़र्क़ था। उसके बेटे की भी नौकरी लग गयी थी। मेरे साथ चंद्रकला की उम्र बढ़ने लगी थी। थोड़ी बीमार भी रहने लगी थी। औरतें अमीर हो या ग़रीब चालीस की उम्र आते ही एक छोटा झटका खाती ही है। कारण अभी तक अपने को सुपर वुमन समझने की ग़लती जो करती है। खान—पान पर ध्यान ना देना। घर और बाहर के काम में पर्फ़ेक्शन रखना और इसी जद्दोजहद में जहाँ एक झटका लगा, फिर आ जाती है रास्ते में। अरे! मैं फिर कहानी से भटक गयीं।

तो सब कुछ मोटा मोटा ठीक चल रहा था। मैं भी बहुत वयस्थ हो गयी थी और अगर आप सच पूछे तो चंद्रकला को भूल सी गयी थी। ट्रान्स्फ़र वाले नौकरी करने वाले लोग नए जगह नए रिश्ते बनाते है और पुराने रिश्ते कही धूमिल होते जाते है। इसी को कहते है जीवन की रफ़्तार। फिर पता चला चंद्रकला बहुत परेशान है और कुछ दिमाग़ी संतुलन खो रही है। मुझे सुनकर बहुत बुरा लगा। मन कुछ व्यथित हुआ, लगा वह मेरी रेस्पॉन्सिबिलिटी है जाकर पता करती हूँ। कुछ चिंता भी हुई। मैंने तुरंत टिकट कटाया और पहुँच गईं अपने पुराने शहर में। चंद्रकला पेश हुई। देखकर मैं हैरान हो गईं। वह कांति पता नहीं कहाँ विलुप्त हो गयीं थी। आँखें सूनी—सूनी सी, देह बिलकुल निडाल और पूरी काया निस्तेज। मैंने डाँट लगायी। क्या हो गया है तुम्हें? वह हल्का सा मुस्करायी और बोली दीदी कुछ भी तो नहीं। मैंने कहाँ इतनी गिरी पड़ी क्यों लग रही हो। वह बोली दीदी बस "मेरा मन उतर गया है " । उसका यह वाक्य मुझे अंदर तक झँझोड़ गया। मैं बिलकुल हिल गयीं। इतनी बड़ी और गहराई की बात इतनी आसानी से धीरे

से बोल गयीं। उस अनपढ़ औरत ने मानो पूरा दर्शन ही मुझे समझा दिया। मुझे कुछ समय लगा सम्भलने में। मैंने बात बदली और कहा जा जल्दी से अदरक तुलसी की चाय बनाकर ला।

गरम चाय पीते पीते मैंने उसे खोदना शुरू करा। क्या बात है? बता तो सही। क्या परेशानी है? बस फिर जो आँसुओं का सैलाब बहा उसने मेरी जैसी अनुशासन प्रिय नारी को भी सराबोर कर गया। अब आप भी सोच रहे होगे ऐसा क्या हो गया। अगर आप बिना अहसास के पढेगें तो साधारण सी बात लगेगी लेकिन एक माँ के पर्सेप्शन से देखेंगे तो समझ पाएँगे। हुआ यूँ कि चंद्रकला की दूसरी लड़की के विवाह के समय उसकी तीसरी लड़की को गाँव के दूसरे जाति के लड़के से बस प्यार हो गया। प्यार ऐसा वैसा नहीं बिलकुल फ़िल्म 'कमायत से कमायत तक' वाला प्यार। लड़की ने न सामने से बात करी न कोई ऐसा इंटरैक्शन। लेकिन बिना किसी को बताये और अनजाने में शायद वह उस लड़के के साथ इमोशनल हो गयीं। यह तो पुराने ज़माने में होता था। कुछ इशारों ही इशारों में प्यार में पड़ जाती थी और साथ मरने मारने में उतारू हो जाती थी। उस समय परिवार की एक ही चिंता रहती थी कही ख़तों का सिलसिला तो नहीं शुरू हो गया था। और अगर हाँ तो ख़तों को वापस कैसे लाए। आजकल ख़त तो कोई लिखता नहीं अब तो सबके पास मोबाइल नामक जीता जाता यंत्र उपलब्ध है। तो साहेब चंद्रकला की बेटी ने फ़ोन में ही बात करके दिल दे दिया और ले लिया। मैंने पूछा—क्या तूने बच्चों को फ़ोन दिया है। वह बोली—नहीं! मेरे फ़ोन से बात करती थी और स्कूल में सहेलियाँ के फ़ोन से फ़ोटो वाली बात करती थी। मैंने पूछा क्या फ़ोटो भी भेजती थी? बोली दीदी हमें क्या पता। ज़रूर भेजती होगी। मैंने कहा—इसमें क्या दिक़्क़त है? तुम किस ज़माने में जी रहीं हो। लेकिन चंद्रकला अड़ गयी। बोली हमारे गाँव का ही लड़का है। किस मुँह से गाँव जाएँगे। बिरादरी में हुक्का पानी बंद हो जाएगा। मैंने समझाने की कोशिश की लेकिन वह टस से मस नहीं हुई। यह सिलसिला साल भर चला। चंद्रकला और उसके पति की भी तकरार बहुत बड़ गयीं। अगली बार मैं घर गयी तो चंद्रकला से पूछा—तुम अपने पति से क्यूँ लड़ रही हों। वह तो बहुत शरीफ़ आदमी है। वह बोली—दीदी जब तक औरत घर को अच्छी तरह चला पातीं है तब तक आदमी कुछ नहीं बोलता लेकिन अगर बच्चे बिगड़ जाए तो सारा ठेकरा माँ के ऊपर मढ़ा जाता है। मुझे लगा सच बोल रही

है। जब बच्चे अच्छे निकलते है तो पिता का भी समान अधिकार। लेकिन अगर बच्चे वैसा नहीं कर पाते जैसी आप की आकांक्षा थी तो सब बराबर। ठेकरा तो माँ के माथे ही फूटना है। यहाँ हर स्टैटस की औरत बराबरी में आ जाती है। धीरे धीरे हँसमुख चंद्रकला कठोर बनती जा रही थी। उसकी बेटी भी एक इंच नहीं झुक रही थी। चंद्रकला ने उस दिन मुझे हैरत में डाल दिया जब उसने मुझसे कहा की अगर लड़की नहीं मानी तो वह उसको मार कर नदी मे फेंक आएगी और जेल चली जाएगी। यह बात उसने हँसते हुए कही लेकिन उसकी खोखली हँसी में उसकी दृढ़ता साफ़ झलक रही थी। मैं सोचने पर मजबूर हो गयी। क्या वाक़ई यही होता होगा जब एक ख़ुशहाल परिवार में इतना भयंकर तूफ़ान खड़ा हो जाता है। क्या हर परिवार का नज़रिया अलग—अलग होता है? और क्या एक इवेंट का रीऐक्शन डिपेंड करता है हमारे समाज के बनाए हुए नियमों में? चंद्रकला की परिस्थिति ने उसे इतना सख़्त बना दिया था लेकिन यह इसलिए हुआ क्योंकि सब लोग उसके मन से उतर गए थे। मुझे आज समझ में आया की सब रिश्ते नाते आपको तब तक बाँध कर रखते है जब तक वह मन से नहीं उतरते। और जब उतर जाते है सब ख़त्म हो जाता है।

लेकिन सोचने की बात है आज भी हम आज़ादी के बहत्तर साल बाद भी जाति—पाँति से उबर नहीं पाये है। यह कहानी उन तमाम चंद्रकला और उन बेटियों की है जो रोज प्यार मे पड़तीं है और मरती है या मारी जाती है। कहानी अभी ख़त्म नहीं हुई है। कुछ दिन बाद पता चला चंद्रकला की तीसरी बेटी की शादी भी हो गयी। मैं आस्वत हुई चलो चैप्टर क्लोज़ हुआ और अब ज़िंदगी सामान्य ढर्रे पर चलने लगी होगी। मैं जब फिर घर गयीं तो चंद्रकला मुझसे मिलने आयी। हालत कुछ सुधरी हुई दिखी। बोली दीदी ब्याह कर दीन। मैंने पूछा उसी लड़के से? बोली नहीं दूसरे से। लड़की की क़िस्मत बहुत अच्छी है। पढ़ा लिखा नौकरी करता लड़का मिल गया और परिवार भी खाता पीता हैं। मैंने पूछा लड़की तैयार कैसे हो गयी? चंद्रकला ने जो बताया वह आप भी सुनिए। हुआ यूँ कि एक दिन लड़की ने आत्महत्या की पूरी तैयारी कर ली थी। घर में सन्नाटा परसा था। तभी पड़ोस की चाची घर आयी और दरवाज़ा खटखटाया। जब दरवाज़ा नहीं खुला तो शोर मचाया। चंद्रकला बिलकुल शांत कोने मे बैठी रही। ना कोई वेदना ना ही संवेदना। आख़िर किसी तरह लड़की को बचाया गया। फिर चाचा ने लड़के को

फ़ोन लगाया और हड़का कर बोला—“हम दरोग़ा बोल रहे है। सुना है फलाने की लड़की को तुम शादी का दबाव डाल रहे हो। ” लड़का बोला हमने कुछ नहीं किया। वह लड़की ही फ़ोन करती है। आप फ़ोन चेक करवा ले। हमने तो शादी के लिए कभी नहीं बोला। फ़ोन स्पीकर में था। लड़की ने सब सुन लिया और उसके होश उड़ गए। जब पूछा गया तो क़बूला। हाँ हम फ़ोन पहले करते थे लेकिन हम मिस काल देते थे। लड़की समझ गयी की लड़का इस लायक नहीं की प्रेशर में कोई स्टैंड ले पाए। लड़की ने तो अपने माँ बाप के सामने डटकर सामना किया था। लेकिन लड़का एक ही डाँट में फुस हो गया। लड़की दो दिन सन्नाटे में रही और फिर रास्ते में आ गयी। मैंने गहरी साँस ली और कहा चलो समस्या सुलझ गयी। अब आराम से खुश होकर रहो। वह बोली दीदी अभी प्रॉब्लम है। शादी वाले दिन मेरी बेटी की तस्वीर उसकी किसी दोस्त ने उस लड़के को भेज दी। वह गाव में सबको दिखाता फिर रहा है। लड़की विदा होकर आयी है लेकिन हमसे बात नहीं करती है। ज़रूर टेन्शन में है। बस एक बार फ़ाइनल विदाई हो जाए तो समझो गंगा नहा लिए। मैंने हंसकर कहा—कितनी बार गंगा नहाओगी। लेकिन वह अभी भी परेशान लग रही थी। मैंने डाँटा तीन लड़कियाँ पाँच साल में निपटा ली। इतनी बड़ी बात है। वह बोली दीदी अभी तो दूसरी बेटी की शादी का कर्जा नहीं उतरा। पहली की शादी का क़र्ज़ उतारने के बाद दूसरी की करी थी। अब उसका बच्चा होने वाला है। यह सब भी हमें ही करना पड़ेगा। सोचा नहीं था तीसरी की शादी इतनी हड़बड़ी में करनी पड़ेगी। क़र्ज़ का बोझ उतारते—उतारते मेरी ज़िंदगी ख़त्म। फिर इसकी शादी में ज़्यादा खर्चा हो गया। लड़का पढ़ा लिखा था। थोड़ा रुक कर बोली—दीदी औरतन को दुई ठो बच्चे करने चाहिए। चाहे लड़की हो या लड़का। फिर चुपाई मार कर बैठ जाओ। हमें तो अक़्ल नहीं थी। मुझे उसके इक्स्प्रेशन को देखकर हंसी आ गयीं। लेकिन सोचती हूँ चंद्रकला की कहानी क्या ज़्यादातर घरों की कहानी नहीं? भारतवर्ष के तमाम परिवार क्या दहेज उत्पीड़न के शिकार नहीं? माँ बाप दहेज जुटाते क़र्ज़ के बोझ से परेशान नहीं? सभ्य समाज भी इसका उतना ही शिकार है।

चंद्रकला की कहानी उन तमाम परिवारों की कहानी है जो शादी के लिए क़र्ज़ लेते

है और उसे चुकाते सारा जीवन बीत जाता है। यह कहानी किसी वर्ग विशेष की नहीं है। यह एक औरत की रिवाजों और रवायतों में जकड़े रहने की कहानी है।

मैं सोचने पर मजबूर हुई। हमारे समाज में जाँति समस्या किसी वर्ग विशेष की नहीं है। यह ज़्यादातर हर वर्ग की है। बेटियों के विवाह के लिए दहेज जुटाते माँ बाप की दयनीय अवस्था क्या किसी से छिपी हैं। मुझे चंद्रकला की अवस्था पर बुरा लगा। लेकिन सोचती हूँ प्रेम में पड़ना क्या इतना बड़ा गुनाह है? प्रेम तो बस हो जाता है। वह कैल्क्युलेट कर के थोड़ी होता है। बस इस कहानी को आप के सामने रखने का एक ही मक़सद था। जीवन में रिश्ते बहुत नाज़ुक होते है। तभी तक पनपते है जब तक मन में बसे रहते है लेकिन जिस दिन कोई मन से उतर जाए तो सब ख़त्म। तो फिर क्या जीवन में रिश्ते हमेशा के लिए नहीं है। मुझे लगता है वक़्त, काल, परिस्थिति का बहुत बड़ा महत्व होता है। हो सकता है मैं ग़लत हूँ। यह तो आप ही बेहतर जानते है।

मुझे माफ़ कर दो

मानस पटल पर कहानियों का मेला लगा हुआ है। समझ मे नहीं आ रहा है किसकी कहानी सुनाओ? यह भी द्वन्द है सुखान्त सुनाओ या दुखांत। मैंने जैसे पहले भी कहा यह सब सच्ची कहानी है कोल—कल्पित नहीं। सच्ची इसलिए की किरदार आप के इर्द गिर्द के ही है। शायद आपके पास से गुज़रे हो। आप ने उनके बारे में सोचा भी होगा और फिर आप भूल गए। यह कोई ग़लत बात भी नहीं है। अगर हम रोज़मर्रा की जीवन में सब के बारे में सोचना शुरू कर दे तो चल चुकी ज़िंदगी। लेकिन कुछ लोग मेरे जैसे भी होते है जिन्हें पात्रों से इन्विज़िबल लगाव हो जाता है और वह हद्रय पटल के किसी कोने में पड़े रहते है। और कभी भी ट्रिगर दबा देते है। और लगेंगे आप को कचोटने। कचोटने क्यों? इसलिए यह किरदार माँग करने लगते है की उनके बारे में पता लगाऊँ। तो हम भी चल पड़े यादों की खोज में। मैं यह स्पष्ट करना चाहोगी की मैं यह दावा नहीं करती यह घटनायें सच्ची है। लेकिन यह सत्य से बहुत क़रीब है। किसी पात्र की रेज़ेम्ब्लन्स किसी पात्र से हो रही हो तो मैं कोई जिम्मेदारी नहीं लेती। इसका मुख्य कारण है औरत किसी प्रांत की हो, किसी आय वर्ग की, शिक्षित हो या अशिक्षित हो सब की कहानियाँ समांतर ही होती है। इसका जीता जागता उदाहरण है मेरी इस कहानी का पात्र। पढ़ने के बाद आप ख़ुद सोचेंगे अरे! काफ़ी कुछ मिलता जुलता है।

यह उन दिनों की बात है जब मैं एक महानगर में कार्यरत थी। मेरी नौकरी और विवाह दोनों नए नवेले थे। सब कुछ बहुत पिक्चर पर्फ़ेक्ट था। इस शोभा यात्रा में सब कुछ फ़िल्मों जैसा था—उच्च सरकारी नौकरी, अपना मन पसंद जीवन साथी—प्यार था, यौवन था और सच कहूँ तो ज़िंदगी गुलज़ार थी। यह सब इंग्रीडीयंट्स एक खुशहाल ज़िंदगी की परिभाषा में फ़िट बैठते थे। बस कभी—कभी थोड़ी दिक़्क़त आ जाती थी। एक तो नया शहर, नयी नौकरी, नयी शादी,

ऊपर से कम उम्र और घर ग्रहस्थी का इक्स्पिरीयन्स भी कम। हम जिस फ़्लैट में रहते थे वहाँ पानी समयानुसार आता था। कोई दिक़्क़त की बात नहीं। प्रॉब्लम यह थी की हमारा सामंजस्य नहीं बन पा रहा था। कभी—कभी पानी भरते भरते नल बिना सूचना दिए बंद हो जाता था। और हम नल की टोटी बंद करना भूल जाते। आप सोचेंगे तो क्या हुआ? पर होता यह था की कभी—कभी ऑफ़िस से लौटने से पहले पानी धावा बोल देता और अगर नल की टोटी खुली रह गयीं तो अनवरत बहता रहता। एक दिन ऑफ़िस जाने की हड़बड़ी में नल और बाथरूम का दरवाज़ा खुला रह गया। हम बहुत ख़ुशी—ख़ुशी घर लौटे क्योंकि दूसरे दिन शनिवार था और वीकंड शुरू हो गया था। वैसी ही फ़ीलिंग थी जो बच्चों को शनिवार और इतवार की छुट्टी पर होती है। लेकिन जब घर का दरवाज़ा खोला तो साहेब नज़ारा कुछ और ही था। आज शायद फिर ग़लती से नल खुला रह गया था और पानी जल्दी आ गया था। आज खुले नल का पानी बिल्कुल बरसाती नदी की भातीं पूरे घर में इतरा कर बह रहा था और अपनी यात्रा को तेज़ी सा पूरा करता हुआ ड्रॉइंग रूम के अंदर ख़ुशी—ख़ुशी फैल रहा था। मेरा कलेजा मुँह को आ गया। मैंने बड़े चाव से ड्रॉइंग रूम की सेट्टिंग चेंज करी थी। नया गद्दा और नए कुशन ज़मीन में लगाए थे। और दोनों जलमग्न थे। ऐसा महसूस हो रहा था जैसे जल समाधि में लीन हो। मुझे रोना आ गया। स्वाभिक था। नयीं गृहस्थी का प्रथम स्तम्भ धराशायी हो गया था। मेरे पति ने सिथ्ति सम्भाली। बाहर खाने का प्रस्ताव रख दिया। बाहर खाने के प्रस्ताव ने मूड ठीक किया। मेरी जगह कोई भी स्त्री होती तो ऐसे ही रीऐक्ट करती। हमारे घर के पास ही एक रेस्टोरेन्ट था जहाँ घर जैसा चायनीज़ क्विज़ीन मिलता था। हम पहले भी एक दो बार वहाँ जा चुके थे और मुझे उसका खाना और डेकोर बहुत पसंद था। तो हम तयार होकर पहुँच गए। उस दिन थोड़ा सन्नाटा था। शायद हम जल्दी आ गए थे। हमें रेस्ट्रॉंट के ओनर रिसेप्शन में ही मिल गए। हमने परिचित मुस्कान दी और बैठ गए। आज वह हमारे पास आ गए और शिष्टाचार की बातें हुई और परिचय भी हो गया। तभी उनकी पत्नी और रेस्तराँ की मालिकिन भी आ गयी। सीधे हमारे टेबल की और मुख़ातिब हुई। वह एक आकर्षक युवती थी। गोल गोरा चेहरा, लम्बी काया, माथे में बड़ी लाल बिंदी और हैंडलूम की साड़ी सलीक़े से बांधी हुई। साड़ी देखकर मुझे अपनी बहनों की याद आयी। मेरी बड़ी बहनों ने शायद

साड़ी पहनना यूनिवर्सिटी के दिनों से शुरू कर दिया था। छोटी होने के नाते संडे के दिन मेरा काम होता था धुली कलफ़ लगी साड़ियों के अम्बार को लान और आँगन में उनके साथ खींच कर सुखाना। हर महीने की एक इतवार हमारा घर धोबीघाट में परिवर्तित हो जाता था। हमारी अम्माँ को शक था की धोबी गंदे पानी से कपड़े धोता है इसलिए घर पर ही साड़ी धुलती, कलफ़ लगाया जाता और फिर सूखने पर तह होती और इस्तरी के लिए जाती। यह मन भी कहाँ से कहाँ भटक जाता है। मैं वापस आ गयी अपने यादों के क़ाफ़िले से और अपना परिचय दिया। उसने मृदु मुस्कान से अपना नाम बताया कादम्बरी। मुझे यह नाम बहुत अट्रैक्ट करता है। शायद बान भट्ट की उस महान कृति की वजह से। बान भट्ट सातवी शताब्दी के संस्कृत के उच्च कोटि के विद्वान और कथाकार थे। कादम्बरी उनका महान उपन्यास था जिसको वह पूरा नहीं कर पाए और जिसको उनके पुत्र भूषण भट्ट ने पूरा किया। हालाँकि बान भट्ट उसका ख़ाका बना चुके थे। यह एक रोमांटिक उपन्यास है। कादम्बरी नाम का एक और चरित्र मशहूर है। कादम्बरी देवी गुरुदेव रवीन्द्र नाथ टैगोर के बड़े भाई ज्योतिरिंद नाथ की पत्नी थी। अरे वह कहानी फिर कभी सुनाओगी। तो कादम्बरी मुझे बहुत सम्भरान्त और सुशील लगी। उसने हमें अपने घर आने का निमंत्रण दे दिया। पता नहीं मेरा और उसका क्या तार जुड़ा की इस नए शहर में वह मेरी सबसे अच्छी सहेली बन गयी। कई बार मित्रता हठात् हो जाती है। आप अनजान लोगों से भी ऐसे जुड़ जाते हैं जैसे कोई पूर्व जन्म का रिश्ता हो। मित्रता का मापदंड लम्बे समय का साथ हो यह कत्तई ज़रूरी नहीं। कई लोग बहुत थोड़े समय की मुलाक़ात में ही आप से बहुत क्लोज़ हो जाते हैं। याद आया कई बार रेलगाड़ी में सफ़र के दौरान आप सहयात्री से बहुत खुल जाते है और ऐसी बातें भी डिस्कस कर लेते है जो सामान्य परिस्थिति में किसी से न कर पाये।

हाँ तो यह रेस्ट्रॉंट एक कैफ़े टाइप प्यारा सा कोज़ी लाउंज था। यह उस समय की बात है जब कैफ़े कॉफ़ी डे टाइप कैफ़े शहरों में खुले नहीं थे। उस एरिया में यह एक नया कॉन्सेप्ट था। मैंने आपको बताया था की हमें उन लोगों ने खाने पर घर बुलाया था। तो हम एक दिन उसके घर चले ही गए। इतने प्यार से बुलाया की मना करने का सवाल ही नहीं होता था। घर क्या था आलीशान महल था। बहुत सुंदर बड़ा सा लॉन और फूलो से भरी फुलवारी। चम्पा चमेली और

रात की रानी की महक पूरे वातावरण मे फैली हुई थी। अंदर की सजावट देखने लायक थी। हर चीज़ बहुत अच्छे से सजायी हुई थी। ड्रॉइंग रूम में बड़ी पेंटिंग, मूर्तियाँ और वुड का कारीगरी करा हुआ फ़र्निचर। मुझे उनका टेस्ट बहुत अच्छा लगा। वैभव का फूहड़ प्रदर्शन कही नहीं दिख रहा था। कई घरों में तो महँगे वस्तूओं का ऐसा संग्रह देखने को मिलता है की लगता है घर नहीं संग्रहालय है। महँगे वस्तुओं का जमावड़ा घर को एस्थेटिक नहीं देता।

कादम्बरी हालाँकि मुझसे उम्र में कुछ ज़्यादा बड़ी नहीं थी लेकिन दुनियादारी उसे ज़्यादा आती थी। वह मुझे अपनी छोटी बहन की तरह लाड़ करतीं थी। मेरा तो पहला पड़ाव था ग्रहस्ती की ओर लेकिन कादम्बरी दो कालेज गोइंग बेटियों की माँ थी। कादम्बरी के पति भी बहुत सभ्य और सौम्य थे। पति भी कई प्रकार के होते है।

एक तो वो जो मौन रहते है क्योंकि उनके पास कुछ बोलने को नहीं होता। शायद बचपन में कड़ा अनुशासन और माँ का अत्यंत दुलार और ओवर प्रटेक्शन उन्हें कहीं न कहीं भीरू बना देता है। दूसरे टाइप के पति वह है जो बहुत बोलते है—उल्टा-सीधा, अच्छा-बुरा। हर समय सर्क्यलेशन में रहना चाहतें है। दिखाने की कोशिश करते है की वह अपनी पत्नी का बहुत ख़याल रखते है। लेकिन कहीं न कहीं प्रवृति होती है पत्नी को कंट्रोल करने की। ऐसे पति पार्टी और गैदरिंग़स में बहुत पॉप्युलर होते है। कई औरतें रस्क करती है उनकी पत्नीयों की क़िस्मत पर। लेकिन पता नहीं क्यूँ ऐसे लोगों से मुझे थोड़ी घबराहट होने लगती है। एकनामिक्स का एक लौ है-"लौ ओफ़ डिमिनिशिंग मार्जिनल यूटिलिटी" जो मुझे बहुत उपयुक्त लगता है। ऐसे पतियों का फ़्यूचर इसी लॉ में दिखता है। एक और वराइयटी है जो थोड़ी ख़तरनाक क़िस्म की है। इतने अनुशासित की पत्नियाँ बिलकुल दबी हुई रहती हैं। पति को भगवान का दर्जा देनी वाली यह पत्नियाँ इस ग़लतफ़हमी में जीती है की उनके पति बहुत विद्वान है और कभी ग़लत नहीं हो सकते। एक और टाइप के पति है जो बोलना भी जानते है, सब कुछ समझते भी है लेकिन अपनी पत्नी को हर जगह आगे रखते है। अपनी सहधर्मीणी के व्यक्तित्व से बहुत प्रभावित रहते है। इस वराइयटी को मुदित कहा जा सकता है। मुदित टाइप के पति अपनी पत्नी के सुख से सुखी और दु:ख से दुखी हो जाते है। कादम्बरी के पति मुदित वराइयटी के थे। कादम्बरी जब कुछ बोलती तो स्नेह और गर्व से ऐसे

देखते कि कई बार हँसी आने लगती। धीरे धीरे जब और मुलाक़ातें हुई तो पता चला कादम्बरी के पति बहुत बड़े व्यवसायी है। उनके कई चीज़ों के कारखाने है और विदेशों में भी काम है। मुझे कुछ अटपटा लगा। इतना पैसा और छोटा सा रेस्ट्रॉंट चलाते है। आश्चर्य तो तब हुआ जब पता चला की कादम्बरी किचन ख़ुद सम्भालती है। नयी रेसिपीज़ ट्राई करती है और उसके पति मदद करते है। मुझे लगा शायद पेज थ्री में आने का नया स्टाइल हो। सोचा पूछूँ। फिर टाल गयी। मित्रता में भी मर्यादा का पालन करना आवश्यक होता है। आप किसी की निजी ज़िंदगी में अगर बिना बुलाए घुसने की कोशिश करते हैं तो दूसरे को घुटन होने लगेगी। मित्रता की परिभाषा गोस्वामी तुलसीदास ने रामचरितमानस मानस में किष्किन्धा कांड में बहुत अच्छे से समझायी है। मैं मानस की इस चौपाई को हमेशा याद रखती हूँ—

"जे न मित्र दु:ख होहिं दुखारी। तिन्हहि विलोकत पातक भारी॥
निज दुख गिरि सम रज करि जाना। मित्रक दु:ख रज मेरु समाना॥"

समय अच्छा बीत रहा था। फिर अचानक एक दिन ऑफ़िस में मैं बेहोश हो गयीं। तुरंत अस्पताल पहुँचाया गया। जाँच के बाद पता चला एक छोटा सा ट्यूमर है जिसका ऑपरेशन तुरंत करना आवश्यक है। हम पति पत्नी बहुत घबरा गए। दोनों का घर दूर था और हमारे लिए यह शहर बिलकुल नया। उन दिनों हवाई यात्रा के रूट बहुत कम थे। कोई घर से तुरंत नहीं पहुँच सकता था। सच पूछे मैं तो बहुत नर्वस हो गयी। समझ में नहीं आ रहा था क्या करे। ऐसे समय मे कादम्बरी हमारी डोलती नैया की खेवैया बनी। हमें हिम्मत बँधायी और मेरी देखभाल की पूरी जिम्मेदारी ले ली। कादम्बरी ने इतना करा कि हम अपने घर वालों की अनुपस्थिति को भूल गये। मैं धीरे-धीरे ठीक होने लगी थी। कादम्बरी समय निकाल कर मुझसे मिलने आती रहती थी। एक दिन मैं भाव विह्वल होकर बोली—कादम्बरी तुम्हारे रहते मुझे कभी भी माँ की कमी महसूस नहीं हुई। तुमने मेरा ख़याल वैसे ही रखा जैसे मेरी माँ रखती। यह सुनकर उसके चेहरे में विचित्र से भाव आए। और वह कुछ गम्भीर हो गयी। ऐसा लगा जैसे किसी दूसरे लोक में चली गयी है। हमेशा चटर-पटर करने वाली कादम्बरी का यूँ गम्भीर होना मुझे कुछ अटपटा लगा। मैंने उससे पूछा—क्या हुआ? लेकिन उसने बात टाल दी। यूँ समझिए की बात आयी और गयी। मैं भी दूसरी बातें करने में मशगूल हो गयी।

कुछ दिनों बाद मैंने ऑफ़िस जोईन कर लिया और इतनी वयस्थ हो गयी की कई दिनों तक कादम्बरी से मिलना नहीं हो पाया। यह उन दिनों कि बात है जब मोबाइल फ़ोन नहीं थे। अरे लैंड लाइन फ़ोन भी बहुत कम लोगों के पास होते थे। बहुत दिन बाद एक इतवार जब ख़ाली हुआ तो मैं पहुँच गयी कादम्बरी के घर। मुझसे मिल कर ख़ुश हुई लेकिन मुझे कुछ दूसरी कादम्बरी का अहसास हुआ। कुछ तो अलग था। मुझसे रहा नहीं गया और मैंने हिम्मत करके पूछ लिया—क्या कोई बात है? उसने कहा—"ऐसा क्यूँ लग रहा है तुझे"? मैंने कहा—"पता नहीं लेकिन मुझे लग रहा है तू अपने आप से दूर हो गयी है। मैंने तुझे बहन की तरह माना है। तू मेरी बहुत अच्छी दोस्त भी है। तू मेरे साथ कुछ भी पर्सनल शेयर कर सकती है " । कादम्बरी बिलकुल पीली पड़ गयी। उसके मुख की कांति एकदम क्षीण हो गयी। नेत्रों में जो अश्रु भरे तो फिर ऐसे बहे की लगा पूरा समंदर भरा हुआ था। मैं घबरा गयी। फिर मैंने अपने को सम्भाला और बहुत देर तक उसका हाथ पकड़ कर बैठी रही। जब अश्रुओं का सैलाब बह गया तब कादम्बरी कुछ हल्की हुई। बोली तुम्हें कुछ बताना है। मुझे शंका हुई कही पति पत्नी के बीच में कुछ अनबन तो नहीं चल रही। मैंने तुरंत पूछा—"तुम्हारे और भाई साहेब के बीच में सब कुछ ठीक है? "वह मुस्करायी और बोली नहीं नहीं यह बात नहीं है। वह तो मेरा बहुत ख़याल रखते है। मेरे मन में आया यह भी क्या बताने की बात है। यह तो जगत को पता है तुम दोनों की केमिस्ट्री के बारे में। मुझे पता है आप अब उत्सुक है कादम्बरी की कहानी सुनने के लिए।

तो कहानी सुनिए—

कादम्बरी अपने माता पिता की एकलौती संतान थी। वह उसे आँखों में बसा कर रखते थे। एक सुसंस्कृत ब्राह्मण परिवार था। माँ शिक्षित और सभ्य। पिता घर से सम्पन्न थे। संस्कृत विध्यालय में अध्यापक थे। वह अपने पिता की अकेले वारिस थे। छोटा सा ख़ुशहाल परिवार था। शायद गायत्री परिवार से जुड़े थे। घर में एक पवित्र सा वातावरण था। अपनी पुत्री का नाम बड़े सोच समझ के रखा था। कादम्बरी यानी सरस्वती का स्वरूप। माता पिता हर्षित रहते थे पुत्री को देख कर। कादम्बरी बहुत सुंदर थी। साथ में नृत्य और संगीत की शिक्षा चल रही थी। कोकिल की भाती उसका स्वर था। मृदु मुस्कान और अत्यंत मृदु भाषी। मुझे लगता है माता पिता की सम्पूर्ण निधि थी कादम्बरी। पूरे मुहल्ले में चहकती

फिरती। उसके घर से ही लगी थी एक विशाल कोठी। दोनों घरों की छत मिलती थी। यह अलग बात है की छतों की वर्ग क्षेत्र में बहुत फ़र्क़ था। बग़ल वाली कोठी में रहते थे जैन साहेब। भरा पूरा व्यवसाय। सेवक-सेवकाएँ और गहनों से सजी स्वामिनी। जैन दम्पति के दो पुत्र थे। बड़ा पुत्र यही कोई इक्कीस-बाईस साल का और छोटा आठ साल का। सामान्यत: उस समय बड़े परिवार ही होते थे। हर घर मे तीन चार पुत्री और दो तीन पुत्र होना कोई बड़ी बात नहीं थी। घर के बड़ों को पता भी नहीं रहता था कौन सा बच्चा किस कक्षा मे पढ़ता है। साधारण सा जीवन शैली थी लोगों की। घरों मे राशन की कमी नहीं रहती थी। और कपड़े सब के एक थान से बन जाते थे। ना कोई राग ना कोई लपेट। हाँ तो यह दोनों परिवार उस समय के अपवाद थे। जैन साहेब और उनकी पत्नी अपने दोनों पुत्रों पर जान छिड़कते थे। बड़ा बेटा सभ्य था। चिंता कोई थी नहीं। बड़ा व्यवसाय, बड़ा घर, पैसे की कोई क़िल्लत नहीं, शान शौक़त और माँ बाप पुत्र पर निछावर।

मुझे पता है आप लोगों का दिमाग़ चलना शुरू हो गया है। ठीक समझ रहे है। कब कादम्बरी और शेखर एक दूसरे से प्रेम करने लगे किसी को पता ही नहीं चला। किसी का ध्यान ही नहीं गया। कादम्बरी मात्र सत्रह साल की थी और माँ—पिताजी की मुँह लगी। शेखर बाईस साल का। उम्र का यह दौर जब आप बच्चे से बड़े होने लगते है बड़ा विचित्र होता है। ना आप छोटे की जमात में होते है और ना बड़ों की। इस उम्र में रूमानी साहित्य बहुत पसंद आता है। कादम्बरी कब इस अवस्था में प्रवेश कर गयी उसे भी पता ना चला। दोनों के बीच किताबों का आदान प्रदान होने लगा। और यह प्रेम ऐसा परवान चढ़ा की शेखर और कादम्बरी एक दिन घर से भाग गए। यह सुनकर मेरी साँस ऊपर की ऊपर और नीचे की नीचे हो गयीं। कादम्बरी के इस क्रांतिकारी फ़ैसले को सुनकर मैं सहम गयी। मैंने टोका क्या तुम सत्रह साल की उम्र में घर से भाग गयी? वह बोली—"हाँ"। मैंने पूछा—लेकिन क्यूँ? मेरा प्रश्न स्वाभिक था। मैंने प्रेम विवाह पढ़ाई पूरी कर के अपने पैरों पर खड़े होने के बाद करा था। मेरी समझ से परे की बात थी की एक सत्रह साल की लड़की बाईस साल के लड़के के साथ कैसे भाग सकती है। फिर मेरे मन के किसी कोने ने समझाया। प्यार तो इसी उम्र में होता है। यह एक निश्चल, उन्माद वाला प्यार था जिसमें कोई कैल्क्युलेशन नहीं होता। यह भी इल्म नहीं क्या कर रहे है। बस जुनून में आप कुछ भी कर सकते है। नदी में

भी कूद सकते है। फिर याद आया—लैला-मजनू, शीरिन-फ़रहाद, हीर-रांझा की ही तो कहानियाँ हर युवा पढ़ता है और इसी को पढ़कर प्रेम का मतलब समझता है। ऐनी वे स्टोरी ने इंट्रेस्टिंग मोड़ ले लिया था। मैंने आगे पूछा—लेकिन तुम भाग कर कहाँ गयी? और भागी क्यूँ? वह बोली मैं और शेखर कब एक दूसरे से प्रेम करने लगे हमें पता ही नहीं चला। मुझे उसके साथ बात करना अच्छा लगता था। मैं किसी ना किसी बहाने से छत में जाती और शेखर ने तो छत में ही डेरा लगा लिया था। साल भर लुका छिपी का प्रेम चलता रहा। किसी को कानों कान ख़बर नहीं हुई। लेकिन फिर डर लगने लगा की अगर हम दोनों अलग हो जाएँगे तो क्या होगा? जब एक सत्रह साल की लड़की का प्रेम जुनून बन जाए तो उसे कुछ और नहीं दिखता। घर, समाज, बिरादरी सब पीछे छूट जाते है। मैंने फिर पूछा लेकिन तुम भागी क्यूँ? वह बोली—मुझे धीरे धीरे यह अहसास हुआ की जब भी घर वालों को इसके बारे में पता चलेगा तो बवन्डर खड़ा हो जाएगा। फिर एक दिन माँ पिताजी की बात सुनी। माँ कह रही थी कादम्बरी कि शादी दो तीन साल में कर देंगे। लड़का ढूँढना शुरू करो। बस इसने ट्रिगर का काम करा। मुझे पता था मैं ब्राह्मण परिवार से हूँ। मेरी शादी कभी भी मारवाड़ी परिवार से नहीं हो सकती थी। वह बात को आगे बढ़ा कर बोली, फिर एक दिन हमने घर छोड़ने का फ़ैसला कर लिया। मैंने टोका क्या शेखर के घर वाले राज़ी हो जाते? वह बोली—शायद हाँ। लेकिन मुझे विश्वास था मेरे कभी न होते। शेखर ने सब इंतज़ाम किया और हम नेपाल भाग गए। मैं सुनकर अवाक् हो गयी। तू नेपाल भाग गयी? वहाँ कौन था? वह बोली शेखर के दूर के मामा थे। हम सीधे वहाँ पहुँचे। वहाँ कोई डर नहीं था। मामाजी की सरकार में अच्छी पकड़ थी। वहाँ हम सेफ़ थे। फिर क्या हुआ? यह सब सुनकर ही मेरा कलेजा मुँह को आ रहा था। सोच हुई जब उस दिन कॉलेज से कादम्बरी नहीं लौटी होगी तो घर में कितनी चिंता हुई होगी। कितना कोहराम मचा होगा। कादम्बरी बोली—बहुत बवाल हुआ। शाम तक सबको पता चल गया कि हम लोग भाग गए है। शेखर के घरवालों को दूसरे दिन ख़बर मिल गयी की हम नेपाल में है। शेखर के माता पिता मेरे घर आए और बताया की हम दोनों सकुशल है और नेपाल में हैं। माँ चुप रही। पिताजी ने हाथ जोड़े। फिर क्या हुआ? मैंने पूछा? मामाजी ने हमारी शादी पशुपति नाथ मंदिर में करवा दी। हम एक साल बाद वापस घर लौटे। हमें लगा अब तक तो सब ठीक

हो गया होगा और घर वाले माफ़ कर देंगे। मेरी जान में जान आयी। तो फ़िल्मों की तरह दोनों परिवार वालों ने तुम्हें माफ़ कर दिया? उसने कहा—"शेखर के घर वालों ने खुले दिल से अपना लिया लेकिन...लेकिन क्या? मैंने जानना चाहा। फिर जो कादम्बरी ने बताया मेरी रूह काँप गयीं।

कादम्बरी बोली—जिस दिन माँ-पिताजी को पता चला की मैं नेपाल भाग गयी हूँ उस दिन से उन्होंने घर के सामने का दरवाज़ा हमेशा के लिये सब लोगों के लिए बंद कर दिया। घर में एक पीछे भी दरवाज़ा था जो गली में खुलता था। अब पिताजी उसी से बाहर ज़रूरत पड़ने पर निकलते थे। सौदा वग़ैरह लेने के लिए। माँ ने घर से निकलना बंद कर दिया। उसी सप्ताह माँ ने पंडितजी को बुलाया। वह हमारे घर के पुराने पंडित थे। माँ ने मेरी तस्वीर में माला चढ़ायीं और जिन पंडितजी ने मेरा नामकरण संस्कार करा था उनसे मेरा श्राद्ध करवा दिया। माँ ने मेरी सब तस्वीरों को घर से हटा दिया और शेखर के घर भिजवा दिया। मेरे सब कपड़े, किताबें, खिलाने, हार्मोनीयम, आदि सब हटवा दिया। आज उस घर में मेरी कोई निशानी नहीं है। मैंने पूछा क्या तूने जाकर माफ़ी नहीं माँगी? वह बोली वह दिन है और आज का दिन। पूरे ऊनीस वर्ष हो गए है। मैं रोज़ घर जाती हो, दरवाज़ा खटखटाती हूँ लेकिन दरवाज़ा खुलता नहीं है। उसने बताया आज से पाँच वर्ष पूर्व पिताजी ने मुझे अंदर आने दिया था। लेकिन माँ कमरे में बंद हो गयीं। मैं बहुत रोईं। बहुत मिन्नतें करी लेकिन माँ ने मेरा मुँह नहीं देखा। मैंने पूछा और बच्चे? वह बोली बच्चों की शक्ल भी नहीं देखी। कादम्बरी की कहानी सुनने के बाद मेरा दिमाग़ शून्य में चला गया। थोड़ी देर बाद मैंने पूछा क्या तू ख़ुश है? वह बोली शेखर मुझे बहुत प्यार करते है। दुनिया की कोई ऐसी चीज़ नहीं जो मुझे नहीं देते लेकिन बस वह मेरी माँ को ना दे पाए।

कादम्बरी आज भी माँ का इंतज़ार कर रही है। इस उम्मीद में की शायद माँ उसे माफ़ कर दे। लेकिन माँ तो जैसे पत्थर हो गयीं है। मैंने बहुत सोचा की कादम्बरी की माँ का इतना इक्स्ट्रीम रीऐक्शन क्यों हुआ? समझ में यह आया की जिस बेटी को जान से ज़्यादा प्रेम किया उसने धोखा दिया। यह कहानी है ट्रस्ट फ़ैक्टर की। कादम्बरी शायद अपने माँ के मन से उतर गयीं। जैसा मैंने पहली कहानी में बताया था चंद्रकला ने भी यही कहा था—दीदी मेरी बेटी मेरे मन से उतर गयी है। शायद अगर कोई अपना मन से उतर जाता है तो नामुमकिन हो

जाता होगा फिर से मन में बसाना। मन नाज़ुक और चंचल होता है यह तो सुना था लेकिन मन इतना सख़्त भी होता है यह इन कहानियों को सुनकर पता चला। प्रेम अगर सर पर चढ़ाता है तो उतर भी सकता है। इमोशंज़ बहुत कॉम्प्लिकेटिड होते है। तो चंद्रकला की बेटी और कादम्बरी की कहानी कुछ कुछ समान है। मुझे कादम्बरी की माँ के मन से कादम्बरी का उतरना बहुत हौन्ट करता रहा। मैंने आख़िरी सवाल पूछा—जो तुम रेस्तराँ चला रही हो वह अपने को बिज़ी रखने के लिए है। उसने कहाँ—नहीं! केवल माँ की याद में। माँ बहुत अच्छा खाना बनाती थी। वह मुझे अक्सर नयी-नयी चीजें बनाकर खिलाती थी। मैं भी लोगों को खिलाती हूँ तो सुकून मिलता है।

इस कहानी को सुने पाँच वर्ष बीत गए है। मेरा तबादला हो गया है। कादम्बरी से कभी कभी फ़ोन में बात हो जाती है। उसकी माँ अब इस दुनिया में नहीं हैं। पिताजी ने उनके दाह संस्कार में कादम्बरी को आने से मना कर दिया। शायद माँ ने बोला होगा। पिताजी अभी जीवित है। कादम्बरी का अब घर आना जाना शुरू हो गया है। कादम्बरी को उसके ट्रस्ट तोड़ने की सज़ा मिल चुकी है। मुझे ख़ुशी हुई की उसके पिताजी ने उसको अपना लिया। लेकिन समझ में नहीं आता कि कोई माँ भी इतनी कठोर कैसे हो सकती है? क्या माँ दोषी है? इतना हट कर के क्या पाया? उनकी ज़िंदगी भी तो एक अकेलेपन और उदासी में बीती। कादम्बरी की माँ ने भी उसे माफ़ न करके बहुत बड़ी क़ीमत चुकायीं। या उनका मन इतना टूट गया था की उनके लिए कादम्बरी के लिए कोई जगह नहीं थी। कौन बड़ा दोषी है? माँ या कादम्बरी। यह मैं आप पर छोड़ रही हूँ। आप ख़ुद सोचे।

मेरी प्यारी बहन

अमित को मैं तबसे जानती हूँ जब वह अपने बाबूजी के साथ उनकी साइकल में बैठकर आता था। उसके पिता का रद्दी बेचने का अच्छा धंधा था। घर में माँ, अमित का एक छोटा भाई दीपक और बड़ी बहन शांति रहते थे। साधारण सा लेकिन खुशहाल परिवार था। अमित के पिता थोड़ा गरम मिज़ाज के थे। अक्सर उनका लोगों से झगड़ा होता रहता था। अमित जब कुछ बड़ा हुआ तो उसने रद्दी का काम के साथ अख़बार बाटने का ठेका भी उठा लिया। पढ़ाई उसने शायद आठवीं तक ही करी थी। छोटे भाईं दीपक का भी पढ़ने में मन नहीं लगता था और उसने भी अमित के साथ काम शुरू कर दिया। लेकिन पूरे परिवार की जान थी अमित की बड़ी बहन शांति। शांति पढ़ने में बहुत अच्छी थी और शायद पूरे ख़ानदान के बदले की पढ़ाई वहीं कर रही थी। अमित और उसके पिता शांति की तारीफ़ करते ना थकते। अमित फ़क्र से कहता—हमारी दीदी हर काम में होशियार है। आख़िरकार शांति ने पोस्ट ग्रैजूएशन भी कर लिया और एक स्कूल में पढ़ाने लगी। मुझे याद है उस दिन अमित बहुत ख़ुश था और मिठाई का डिब्बा लेकर घर आया था। हम सब भी बहुत ख़ुश हुए। जिस ख़ानदान में कोई दसवी क्लास पास ना कर पाया हो उस घर की लड़की ने इतना पढ़ लिया हो तो वाक़ई तारीफ़ की बात थी। अमित के पिता तो फूले नहीं समा रहे थे। पूरा परिवार शांति पर केंद्रित रहता था। शांति बहुत सुघड़ थी। ग्रहस्ती का कोई ऐसा काम नहीं था चाहें वह खाना पकाना हो या सिलाई, कढ़ाई, बुनाई हो वह सब अच्छे से जानती थी। अपनी बिरादरी में शांति के लिए लड़का मिलना मुश्किल हो रहा था। अमित के पिता का एक ही सपना था की वह शांति की शादी पढ़े लिखे परिवार में करें। आख़िर शांति को अच्छा परिवार मिल ही गया। लड़का वकील था। धूम-धाम से विवाह हुआ और शांति के पिता ने शादी में अच्छा ख़ासा रूपया खर्चा भी करा

गया। अमित का परिवार बहुत ख़ुश और हम सब भी ख़ुश। वैसे भी हम सब के समाज में लड़की का अच्छे तरीक़े से विवाह करना बहुत बड़ा कार्य है। हर माँ बाप का सपना होता है बेटी की शादी अच्छे से हो जाए। ज़िंदगी आगे बढ़ने लगी। मैं भी अपनी पढ़ाई में लगी हुई थी। अमित मुझे सब पत्रिका और अख़बार मुफ़्त में पढ़ने को दे देता था। बस उसकी यही शर्त थी की ख़राब नहीं होनी चाहिए। मेरा सिलेक्शन भी अच्छी नौकरी में हो गया और मैं शहर से बाहर चली गयी। सच पूछे तो नए परिवेश में अक्सर हम इतना मगन हो जाते हैं कि पूराने लोगों को भूल ही जाते है। कोई ग़लत भी नहीं है।

उम्र का तक़ाज़ा है। हर उम्र के सपने अलग होते है। हमें अपने पूराने दिनों की बातें फिर कई साल बीतने के बाद वापस याद आती है। यही साइकल चलती है। मेरे साथ भी कुछ ऐसा ही हुआ। कई सालों के बाद मैं तसल्ली से अपने मायके लम्बी छुट्टी लेकर गयी। अहसास हुआ इतने साल पलक झपकते ही बीत गए हैं। उस दिन मैं बरामदे में बैठकर सुबह की चाय की चुस्की ले रही थी की गेट से अख़बार फेंकने की आवाज़ आयी। मैं दौड़ी और आवाज़ लगायी अमित! साइकल मोड़कर अमित वापस आया। मैं उसे देखकर सकते में आ गयी। बिल्कुल बुड्ढा लग रहा था। बोला—दीदी नमस्ते। आवाज़ सुनकर मैं आस्वत हुई की अमित ही है। मैं अपने को रोक नहीं पायी। पूछ ही लिया तुझे क्या हो गया है? क्या बीमार हो? बोला दीदी ख़ास कुछ नहीं। डायबीटीस हो गयी हैं। पता नहीं चल पाया। अब ठीक हैं। दवाई चल रही है। तबतक उसका छोटा भाई आ गया। अमित ने उसे बाक़ी अख़बार पकड़ा दिए और बोला बाँट आओ। वह मेरे साथ अंदर आ गया। मैंने पूछा अमित चाय बनवाऊ? वह कुछ सोच कर बोला हाँ दीदी बनवा दो बिना शक्कर की। जब तक चाय बनकर आयी मैंने घर के बारे में पूछना शुरू कर दिया। वह बोला दीदी आपको क्या कुछ नहीं पता चला? मैंने कहाँ किस बारे में? वह थोड़ा आहत हुआ। फिर खुद ही बोल पड़ा। हाँ कैसे पता चलता। आप बहुत समय बाद भी तो आ रही हो। और फिर जो उसने बताया सुनकर मैं हतप्रद हो गयी। सोचती हूँ आपके साथ भी साझा कर लूँ। ज़िंदगी इतनी जटिल क्यूँ है? और आदमी इतना ख़ुदगर्ज़ क्यूँ हो जाता है? इन प्रश्नों के उत्तर मुझे अभी तक नहीं मिल पायें है। अमित ने जो बताया वह सुनिए। मैंने आप को उसकी बहन शांति के विवाह के बारे में बताया था। उसका एक बेटा शादी के

दूसरे साल हो गया था। नौकरी उसने शादी के बाद छोड़ दी थी। अमित के घर वालो को लगता रहा की सब ठीक चल रहा है। बहन ने भी कभी कुछ बताया नहीं। लेकिन शादी के दो महीने बाद ही शांति को पता चल गया था की उसके ससुराल वाले बहुत लालची लोग है। वह इसको भी सह लेती लेकिन धीरे धीरे पता चला की उसका पति निहायत ही गुस्सैल और हर क़िस्म की बुरी आदतों से लैस है। उसने जल्दी ही अपने रंग दिखाने शुरू कर दिए। शांति के पिता के पास अच्छा पैसा था। उन्होंने काफ़ी मेहनत कर के पैसा जोड़ा था। बेटी की शादी में बहुत खर्चा भी करा था। लेकिन शांति के ससुराल वालो ने उसे तंग करना शुरू कर दिया था कि अपने पिता से कहो की गाड़ी दे। जब उसने यह माँगने से इनकार कर दिया तो वह चिढ़ गए। शांति को लगा समय के साथ सब ठीक हो जाएगा। फिर उसका बेटा हो गया। माँ बनते ही वह बहुत ख़ुश रहने लगी। बेटा एक साल का हुआ तो वह पुनः गर्भवती हो गयी। अब तक उसके पति को पता चल चुका था की शांति अपने माँ और बापूजी से बहुत प्यार करती है और उन्हें दुःख ना हो इसलिए उसके और उसके घर वालों के बारे में किसी को कुछ नहीं बताती है। जो कुछ पैसा शांति के पिता ने विवाह में दिया था वह उसके पति ने उड़ा दिया था। उसके घर वालों ने उसकी दूसरी शादी करने की योजना बना ली थी। लेकिन शांति घर छोड़ कर जा नहीं रही थी। एक दिन शराब पीकर उसके पति ने उसको बहुत पीटा और फिर जो हुआ उसकी कल्पना करना भी भयानक हैं। उसके पति ने उसे रसोईघर में बंद कर दिया। और उसके सास-ससुर और नंद ने मिट्टी का तेल उसके ऊपर उड़ेल दिया और गैस ऑन कर दी। शांति की साड़ी में आग लग गयी। जब वह काफ़ी जल गयी तब शोर मचाया और शांति के घर वालो को बताया। हॉस्पिटल ले ज़ाया गया। लेकिन शांति को बचाया न जा सका। शांति और उसके होने वाले बच्चे दोनों ही नहीं रहे। मैं यह सुनकर सकते में आ गई। थोड़ा रूककर अमित बोला—दीदी के ससुरलवालो ने पूरा फूल प्रूफ़ प्लान बनाया था। पुलिस ने कोई केस दर्ज नहीं करा। यही बात कही गयी कि खाना बनाते वक़्त आग लग गयी। हमने भी यही मान लिया। वह तो शक तब हुआ जब उसके पति ने दीदी की इन्शुरन्स पॉलिसी को क्लेम के लिए भेजा। उसके पति ने एक बड़ी रक़म की पॉलिसी दीदी के नाम करी थी। और फिर मैंने उसे दीदी की डेथ के कुछ दिन बाद ही एक लड़की के साथ घूमते देखा। मुझे कुछ अटपटा

लगा और शक हुआ। मैंने फिर उसके बारे में पता लगाना शुरू करा। और पता चला की दूसरी शादी की तय्यारी चल रही है। फिर पड़ोस की एक महिला में बताया की तुम्हारी बहन को सब बहुत मारते थे। उसका पति वकील था। उसने पुलिस वालों को भी पैसा खिला दिया था। जब हम रिपोर्ट लिखवाने गए तो उन लोगों ने लिखने से मना कर दिया। और पहला बच्चा? वह कहाँ है। अमित ने बताया की वह उसको अपने घर ले आया है। बोला दीदी अब इस घटना को चार साल हो गए है। दीदी का बेटा छह साल का हो गया है। स्कूल जाता है। बाबूजी शांति दीदी की मौत को सहन न कर पाये और उनकी मृत्यु इस हादसे के एक साल के अंदर ही हो गयी। क्या उन लोगों को कोई सजा नहीं मिली? मैंने पूछा। वह बोला—तुम्हें विश्वास नहीं होगा उनका क्या हुआ। भगवान ने सबको सजा दे दी। वकील का ऐक्सिडेंट हो गया और उसके सर में चोट लगने से उसका दिमाग़ ख़राब हो गया है। वह पागलों की तरह सड़कों में घूमता रहता है। जिस पुलिस वाले ने उन लोगों को बचाया था उसकी बेटी छत से गिर पड़ी। वह बोला—दीदी अब बस इस बच्चे को पढ़ाना है। इस बात को अब पंद्रह साल हो गए है। शांति के बेटे की शादी हो गयी है। अमित ने अपने घर को सम्भाला और शांति के बेटे को अपने बेटे की तरह पाला। लेकिन बहन की इतनी दर्दनाक मृत्यु ने अमित को बहुत हिला दिया था। वह बहुत जल्दी बूढ़ा हो गया। उसकी बहन के साथ जो हुआ वह घटना आप ने और भी कई अन्य लोगों की सुनी होगी। शांति की कहानी बहुत विचलित करती है। इतनी होनहार लड़की के साथ इतना बुरा हुआ। शांति ने अपने परिवार को इसलिए नहीं बताया होगा कि वह दुखी होंगे। उसने यही गलती करी। आज भी बहुत लड़कियाँ रोज़ दहेज की बली चढ़ती है। हमारा समाज कब इस से निजात पायेगा? पता नहीं। काश अगर समय रहते हमें पता चल जाता तो अमित की प्यारी बहन हमेशा उसके पास रहती। कितनी ज़िंदगियाँ बर्बाद हुई। मुझे यह घटना भुलाए नहीं भूलती। इसीलिए बहुत ज़रूरी है कि हम बेटियों को केवल किताबी ज्ञान ही न दें बल्कि उसके साथ उनको आत्मनिर्भर और बोल्ड भी बनाए। उनको चुपचाप अन्याय सहने की हिदायत न दे। बेटियों की शादी करने का मतलब यह नहीं की माँ-बाप की जिम्मेदारी पूरी हो गयी। समाज के डर से बेटियों को न खोयें। दहेज और अत्याचार की यह लड़ायी न ही सरल है और न ही छोटी। यह लड़ाई है हमारी मानसिकता को बदलने की। यह

लड़ाई है हमारी आने वाले पीढ़ियों के अस्तित्व की। जब तक हम सब एकजुट होकर इन कुरीतियाँ को ख़त्म करने का बीड़ा नहीं उठाएँगे न जाने और कितनी और शांति इसी तरह जलायी जाएगी। सभ्य समाज का निर्माण बहुत जिम्मेदारीपूर्ण कार्य है। काश। हम इसे सुधार पाए।

रेत का पुल

आप सोच रहे होंगे मेरे पास बस औरतों की ही कहानियाँ क्यूँ है। इसका कारण है जितनी विविधता औरतों के चरित्र में होती है उतनी पुरुषों में अमूमन नहीं होती है। किसी भी महफ़िल को ले ले। आप देखेंगे महिलायें सब विषयों में बात कर सकती है। अब वो चाहे राजनीति की हो या फ़िल्म की या फ़ैशन की या मेकअप की या किताबों की हो। पुरुष वर्ग महज़ गहन चिंतन करते दिखते है। अगर ऑफ़िस की पार्टी है तो केवल ऑफ़िस की बाते या कुछ आगे बढ़े तो राजनीत और बहुत खुश है तो दारू। लेकिन महिलायें माशा अल्लाह कोई भी विषय नहीं छोड़तीं। इसलिए मुझे उनकी कहानियाँ सुनने सुनाने मे आनंद आता है।

जब मैं मिसज़ कपूर से मिली थी वह क़रीब पैंतालीस साल की रही होगी। देखने मे ग़ज़ब की आकर्षक। बहुत अच्छे से तैयार होकर घर में रहती थीं। धीरे-धीरे हमारी दुआ सलामी शुरू हुई। उम्र में मुझसे बड़ी थीं लेकिन हम अच्छे दोस्त बन गए। पता चला उन्होंने एजुकेशन डिपार्टमेंट में कुछ साल नौकरी करी थी लेकिन बच्चों की परवरिश के कारण छोड़ दीं। मिस्टर कपूर भी स्मार्ट आदमी थे। स्वैच्छिक सेवानिवृत्त थे। कपूर साहब को बाग़बानी का बहुत शौक़ था। मुझे जो सब से अच्छा उस दम्पति के बारे मे लगता था वह उनके सलीके से जीने का अन्दाज़। मैं अक्सर देखती दोनों सुबह की चाय अपने वरांडा में बैठ कर पीते थे। चाय के बारे में मुझे जो इम्प्रेस करता था वह थी चाय बनाने की पूरी लम्बी प्रक्रिया। दूध और चीनी अलग काली चाय केतली में और साथ में बिस्कुट का डिब्बा क़रीने से ट्रे मे सजा। मैं अक्सर सोचती बुढ़ापे में मैं भी इसी स्टाइल से रहोगी। नज़ारा बहुत खूबसूरत रहता था। लॉन फूलों से महकता रहता और रोज शाम को कुर्सी और मेंज मे चाय सज जाती। मिसेज़ कपूर का अपना दोस्तों का बड़ा सर्कल था। किटी पार्टी और पिकनिक में अक्सर जाना होता। सब कुछ

अच्छा था। उनकी दो बेटियाँ थी और एक बेटा। सब का विवाह हो चुका था और सब अपने परिवार में ख़ुश थे। पति-पत्नी का रिश्ता भी बहुत विचित्र है। अक्सर देखा गया है कि वर्षों तक साथ जीवन बिताने पर पति पत्नी की शक्ल भी मिलने लगती है। आप हँसिये नहीं। इर्द गिर्द गौर से देखिये। आप को महसूस होगा मैं ग़लत नहीं बोल रही हूँ। दूसरी चीज़ जो मुझे कुछ अजीब लगती है वह यह कि जो आदतें हमें एक दूसरे की ख़राब लगती है हम अनजाने मे वही अपना लेते है। शायद सिम्बायआटिक रेलेशन्शिप इसे ही कहते है।

आज जो कहानी मैं आप को सुनाने जा रहीं हूँ वह थोड़ी अलग विषय पर है। मुझे लगता है यह कहानी सुनानी मेरे लिए ज़रूरी है। क्यूँ यह बाद मे बताओगी। जीवन जब अच्छा चलता है तो ऐसा लगता है समय भाग रहा है। लेकिन जब कुछ परेशानी आती है तो दिन बहुत लम्बे लगते है। समय तो एक ही रहता है। बस देखने का नज़रिया है। अक्सर देखने मे आता है अनुकूल परिस्थियाँ पंख लगा कर आती है और विपरीत परिस्थियाँ जैसे थम जाती है। हाँ तो हम मिसेज़ कपूर की कहानी सुना रहे थे। मिसेज़ कपूर के घर काम करने के लिए एक परिवार रहता था। गाँव से आया था। परिवार में पति पत्नी और एक दस बारह साल का पुत्र था जिसका नाम था नंदू। अच्छे लोग थे। मिसेज़ कपूर उनका ख़याल रखती थी। सब ख़ुश रहते थे। एक दिन बहुत बड़ा हादसा हो गया। मिसेज़ कपूर बाज़ार गए हुई थी। घर में नंदू था। उसकी माँ खाना बना रही थी। मिस्टर कपूर घर में ही थे। अचानक ज़ोर का शोर हुआ। पता चला नंदू छत से कूद गया। उसे तुरंत अस्पताल पहुँचाया गया। नंदू बच तो गया लेकिन हड्डियाँ टूटी और वह कुछ विक्षिप्त सा हो गया। कपूर दम्पति ने जो कुछ पैसों से मदद करनी थी वह करी। बच्चा फिर वापस घर नहीं आया। उसके माँ-बाप उसे अस्पताल से छुट्टी मिलने के बाद सीधे अपने गाँव ले गए। ज़ाहिर था हादसा बड़ा हुआ था और इसने कपूर परिवार को भी मुश्किल में डाल दिया था। कुछ दिनों के बाद पता चला घर में पुलिस भी आयी थी। मैंने भी अपनी व्यस्तता के कारण ध्यान नहीं दिया। इधर मिसेज़ कपूर भी कम दिखती थी। अमूमन देखा गया है कोई भी हादसा हो जाए तो लोगों को बात बताने का मौक़ा मिल जाता है। अगर आप के पास काम न हो तो इन सब बातों में और भी रस आता है। तो धीरे धीरे कई तरह की बातें सर्क्यलेट होनी शुरू हो गयी। मेरे कानों में भी उड़ते-उड़ते कुछ पहुँची। मैंने

ध्यान नहीं दिया। अपना घर सम्भालना क्या कम मुश्किल हैं कि जगत की चिंता करती। इस हादसे के कुछ दिनों बाद मुझे मिसेज़ कपूर बाज़ार में मिल गयीं। मैं तो पहचानी ही नहीं। जब उन्होंने हाथ हिलाया तो ध्यान गया। बहुत बदली हुई और कुछ परेशान लगी। मुझे लगा घर में ऐसा हादसा हो गया वही वजह होगी। मैं भी अपनी ज़िंदगी में बहुत व्यस्त हो गयी थी। बच्चों की पढ़ायी और घर में बड़ों की तबियत को लेकर मैं कई वर्षों तक झूलती रही। वह शहर से नाता भी ज़्यादा नहीं रहा। सरकारी नौकरी वाले बहुत दिन एक स्थान में रहने दिए नहीं जाते। तो कुल मिलाकर कपूर परिवार भी धुँध की तरह मन मस्तिष्क से ग़ायब हो गया। लेकिन कुछ लोग और उनकी ज़िंदगी का तार आपसे जुड़ा रहता है। अब आप सोचेंगे यह तो फ़िल्मी कथा जैसी लग रही है। लेकिन कथा अगर ज़िंदगी से जुड़ी हो तो कोरी कल्पना नहीं होती।

वर्ष दो हज़ार अठारह में अर्ध कुम्भ प्रयाग में आयोजित हुआ। बहुत बड़े स्तर पर इसकी तय्यारियाँ हुई। उसको कुम्भ का नाम दिया गया और करोड़ों लोगों ने पूरी आस्था के साथ डुबकी लगायी। मेरा भी बहुत मन था और मैं बहुत उत्सुक थी कि प्रयाग जा कर संगम में डुबकी लगाऊ। कुछ समझदार लोगों ने मुझे समझाने की कोशिश की। बताया कि कितनी भीड़ है और फिर इन्फ़ेक्शन का भी डर है। लेकिन हम कहाँ मानने वालो में से है। जहाँ आस्था का प्रश्न हो वहाँ लॉजिक का क्या काम। तो साहेब सहेली के पति को मैंने और मेरी सखी ने आख़िर मना ही लिया और हम चल पड़े प्रयाग यात्रा पर। प्रयाग में जाकर आस्था का समुंदर दिखा। लाखो थे। उस दिन बड़ा नहान था। लिहाज़ा हमें तीन कोस पैदल यात्रा करनी पड़ी। नाव से संगम पहुँचे। उस सुख और तृप्ति का वर्णन करना मुश्किल है। हृदय गदगद था। और वही डुबकी लगाते मिल गयी मिसेज़ कपूर। आप हैरान हुए। मैं तो हतप्रद हो गयी। सच बोलूँ तो मिसेज़ कपूर ने ही पहचाना और आवाज़ दी। ख़ैर पानी में ही हम गले लगे। मुझे वह कुम्भ वराइयटी तो नहीं लगती थी लेकिन समय बहुत बलवान होता है। उन्होंने मुझे घर आने का न्योता दे दिया। वह प्रयाग में ही रह रही थी। हम पूरे दस बरस बाद मिल रहे थे। बहुत ख़ुशी हुए। दस वर्ष बहुत होते है। उम्र का बड़ा हिस्सा पार हो जाता है। मिसेज़ कपूर बहुत बदल गयी थी। मैं एक अलग शख़्सियत से जैसे रूबरू हो रही थी। मैं उनके न्योते को मना नहीं कर पायी। हम सब अब थक भी गए थे। मेरे आग्रह

करने पर मेरी सखी भी मान गयी और हम उनके साथ उनके घर पहुँच गये। छोटा दो कमरों का घर था। बेहद साफ़ सुथरा। घर का वातावरण बेहद अच्छा था। उन्होंने हमें बहुत स्नेह के साथ रखा। अच्छी चाय पिलायी और स्वादिष्ट खाना खिलाया। फिर सबको आराम करने की जगह दी। मेरी सखी और उसके पति तो सोने चले गए और हम दोनों आराम से बैठ कर बातें करने लगे। दस वर्ष का अंतराल बहुत होता है। मैंने महसूस करा वह अकेली ही रह रही थी। मेरे परिवार के बारे में जब वह पूछ चुकी तो मेरी बारी आयी। लेकिन मुझे कुछ पूछने की ज़रूरत नहीं पड़ी। उनकी जीवन यात्रा मैं उनकी ज़बानी ही सुना रही हूँ।

मिसेज़ कपूर बोली मैं तुम्हें बहुत कुछ बताना चाहती हो। पता नहीं तुमसे क्या रिश्ता जुड़ा है। मैं वैसे तो बहुत कुछ पूछना चाहतीं थी लेकिन संकोच के कारण पूछ नहीं पा रहीं पा थी। मिसेज़ कपूर थोड़ी देर चुप रहीं। शायद अपने को समेट रही थी। फिर जो जीवन यात्रा की गाथा शुरू हुई उसको सुनते-सुनते सुबह हो गयीं। पहली बार समझ में आया की जीवन कब क्या करवट ले किसी को नहीं पता। जो गाथा सुनी आप भी सुनिए।

मिसेज़ कपूर बोली तुम्हें तो याद होगी उस बच्चे नंदू की। मैंने कहाँ—हाँ वही जो छत से गिर गया था। वह बोली हाँ! वही। लेकिन वह गिरा नहीं था। वह छत से कूदा था। क्यूँ? वह थोड़ी देर बात बोली। नंदू ने मुझे बताया की कपूर साहेब की हरकतो से परेशान होकर उसने यह कदम उठाया। वह बोली मुझे थोड़ा शक था। लेकिन नंदू ने जब सब बताया मुझे यक़ीन हो गया। उस दिन मेरा सब मान सम्मान ख़त्म हो गया। मुझे शर्मिंदगी इस बात से हुई की मैंने इतने वर्ष साथ बिताए और यह बात मुझे पता नहीं चली या मैं इतनी मस्त रही अपनी खोखली ज़िंदगी में की मैंने इस ओर कभी ध्यान नहीं दिया। लेकिन मुझे इस वाक़ये ने अंदर तक हिला दिया। मैंने कपूर साहेब से पूछा की उन्होंने यह क्या करा। पहले तो वह मानने को तैयार नहीं थे लेकिन फिर क़बूल करा की उनकी यह कमजोरी है। बस सब संसार टूट गया। मैंने फ़ैसला कर लिया की अब हम एक साथ नहीं रह सकते। मैंने पूछा और आप के बच्चे क्या बोले? वह बोली। क्या बोलते? मुझे समझाने की कोशिश करी। कपूर साहेब ने भी बहुत माफ़ी माँगीं लेकिन मैंने किसी की नहीं सुनी। मैंने घर छोड़ दिया और कुछ दिन अपनी एक बहन के पास रही। फिर अकेले ही यात्रा में निकल पड़ी। आश्रम में रही। सब तीर्थों के

दर्शन करे। पैसे मेरे पास थे। प्रयाग में अन्त में आकर बस गयी। मैंने पूछा यह क्यूँ? वह बोली बहुत साल पहले यहाँ रह चुकी थी। मेरी एक सहेली का स्कूल था। अब उसके स्कूल में बच्चों को पढ़ाती हूँ। भगवत भजन करती हूँ। मन अब बिल्कुल शांत है। और कपूर साहेब? वह बोली मेरा उनसे कोई संबंध नहीं रहा। मैंने अपने बच्चों को कह दिया था। वह उन्हें देख ले। पिछले साल उनका निधन हो गया। आप गयीं? वह मुस्करा कर बोली। जब आप सन्यास ले लेते है तो सब सांसारिक रिश्ते ख़त्म हो जाते है। मेरे लिए अब अपना पराया सब बराबर है। सुबह होने को आयी थी जब हम उठे। मेरी आँखे भर आयी थी। उन्होंने मुझे गले लगाया। हम चाय जलपान कर के निकल गए।

मैं बहुत थक गयी थी। मुझे बहुत दिन लगे इस कहानी को आत्मसात् करने में। कहाँ मुझे कपूर दम्पति की दुनिया इतनी पर्फ़ेक्ट लगती थी। ऐसे महसूस हुआ मानो उनका जीवन पुल रेत का बना था जो टूट गया। कई प्रश्न उठे। क्या जो हुआ वह सही हुआ? क्या मिसेज़ से कपूर को ऐसे छोड़ कर नहीं जाना चाहिए था? बहुत सोचने के बाद मैं इस निष्कर्ष पर पहुँची की जब मिसेज़ कपूर के मन से रिश्ता उतर गया तो साथ रहने का कोई मतलब नहीं था। उनके लिए साथ रहना अब मुमकिन नहीं था। उनके अहं को नहीं हृदय को जो धक्का लगा था वह बहुत बड़ा था। उनका पूरा दर्शन बदल गया था। मुझे उनका फ़ैसला अब सही लगता है। जीवन में सब रिश्ते बहुत पतली डोर से बंधे होते है। आप क्या सोचते है?

हाँ तो मैं आपको मिसेज़ कपूर की कहानी सुना रही थी। मुझे उनकी जीवन कथा ने बहुत उद्धेलित कर दिया था। सच पूछो तो लोगों को देखना का नज़रिया ही बदल गया। बचपन में बाबा भारती वाली कहानी पढ़ी थी। उसकी एक पंक्ति की—लोग ग़रीबो पर विश्वास करना छोड़ देंगे इसलिए किसी को ना बताना की तुमने मेरा घोड़ा कैसे छीना मुझे बहुत प्रभावित करता है। सही ही कहा था। कपूर साहेब के बारे में जानने के बाद मैं जीवन में बहुत सतर्क हो गयी हूँ। जब तक हमें लोगों की विकृतियाँ के बारे में पता नहीं होता हमें हर उम्रदार व्यक्ति माता पिता समान और हर अपने से उम्र में छोटा भाई बहन या पुत्र पुत्री समान ही दिखता हैं। मुझे याद आता है आज से क़रीब कोई तीस-पैंतीस वर्ष पहले की बात है। हमारे पड़ोस में माथुर साहेब का पुत्र केम्ब्रिज यूनिवर्सिटी में पढ़ने गया था। आप सोचेंगे कौन सी बड़ी बात है। हाँ। है। क्यूँकि उन दिनों दो तरह के बच्चे

ही जा पाते थे। एक वो जिनके अभिभावको के पास बहुत पैसा होता था और उनके परिवार में उच्च शिक्षा का बहुत महत्व था और दूसरे श्रेणी के वह बच्चे जो विलक्षण थे और अपनी मेहनत से वज़ीफ़ा से पढ़ने जाते थे। आजकल तो बैंक पढ़ने के लिए लोन देने लगी है इसलिये बहुत लोग पढ़ने या नौक़री करने जाने लगे है। हाँ तो बात यह नहीं है की माथुर साहेब का बेटा विदेश पढ़ने कैसे गया। बात यह बतानी है की जब कई वर्ष बाद लौटा तब तक पिता स्वर्ग सिधार गए थे। उसने गोरी मेम से विवाह कर लिया था। और एक प्यारे से बच्चे का पिता बन चुका था। कुछ दिन पति-पत्नी माथुर साहेब की धर्म पत्नी के साथ उस घर में रहे। शायद बहु स्काट्लैंड की थी। बच्चा बहुत ही ख़ूबसूरत था। बहु काफ़ी पढ़ी लिखी और संस्कारी दिखती थी। वह शाम को बच्चे को प्रैम (बच्चों की गाड़ी) में घुमातीं थी। अक्सर कुछ लोग सुंदर माँ बेटे को देखकर बच्चे को प्यार करने के लिए पास आ जाते थे। वह मुस्करा कर उनको अभिवादन करती और उनको बच्चे से बात करने देती। लेकिन एक दिन किसी पड़ोसी ने बच्चे के गाल को छूँ दिया तो वह नाराज़ हो गयी और उसने सख़्ती से मना कर दिया। मैं उस समय छोटी थी और इस वाक़िये को सुना था। मुझे बड़ा अजीब लगा था और वह बहुत बुरी लगी थी। लेकिन आज सोचती हूँ उसने बिल्कुल ठीक करा था। किसी भी बच्चे को जो आपका अपना नहीं उसे छूने का अधिकार किसी का नहीं है। आप उसके अभिभावक से पूछे बिना कैसे टच कर सकते है। यह नियम स्त्री और पुरुष दोनों पर समान रूप से लागू होता है। मैंने जैसा आपको बताया मुझे मिसेज़ कपूर की कहानी बहुत हौन्ट कर रही थी। मैंने उनसे कोई प्रश्न नहीं किया था। वह एकतरफ़ा बात थी। मेरी जिज्ञासाओं को शांत करना उनका दायित्व था क्योंकि मैंने उनसे कुछ नहीं पूछा था। उन्होंने मुझे अपनी निजी ज़िंदगी में स्वयं शामिल करा था। ख़ैर मुझे जल्दी ही मौक़ा मिल गया। ऑफ़िस में एक दिन मुझे मेरे बॉस ने बुलाया और कहा की आपको प्रयाग जाना है यह (confidential) कोनफिडेनशियल लेटर पहुँचाने। मैं कभी भी टूर में जाती नहीं थी और बॉस कभी कहते भी नहीं थे। उनको पता था मेरा ग्रह पुराण शुरू हो जाएगा। लेकिन आज उन्होंने मुझें बोलने का मौक़ा ही नहीं दिया। बोले मैं इस काम के लिए किसी और कर्मचारी पर भरोसा नहीं कर सकता। जीवन मे पहला अवसर था जब अपनी अहमियत मालूम हुई और झूठ नहीं बोलूँगी मुझे सुनकर अच्छा लगा। अब सोचती

हूँ बॉस मैनज्मेंट में कुशल थे। मैंने हामी भर दी। प्रलोभन था मिसेज़ कपूर से मिलने का और बहुत कुछ और जानने का। घर पहुँची और पति देव को बताया की कल की गाड़ी से प्रयाग जाना है। मेरा अकेले जाना उन्हें परेशान कर रहा था। मेरी (GPS) जीपीएस की क़ाबिलियत पर उन्हें कभी भरोसा ना था। वैसे मुझें भी नहीं था। पतियों पर डिपेंडेंट पत्नियाँ अपना दिमाग़ रास्तों को समझने में नहीं लगाती है। अरे! क्या कामों की कमी है की इसपर भी अपना दिमाग़ ज़ाया करे। हाँ तो मैंने पतिदेव को आश्वस्त करा की मैं मिसेज़ कपूर के घर सीधे स्टेशन से चली जाऊँगी। ख़ैर काफ़ी सारी हिदायतों के साथ पति देव ने रेलगाड़ी में मुझे बैठाया और बिदा करा। मुझे तो ऐसी फ़ीलिंग हो रही थी की सीधे चाँद में जा रही हूँ। हमारी जेनरेशन की यही त्रासदी है। कामकाजी महिलायें भी ओवर प्रटेक्शन से नहीं निकल पाती है। और शायद इसी में ख़ुश रहती है। तो साहब पहुँच गए हम अकेले प्रयाग। मिसेज़ कपूर मेरे आगमन से बहुत ख़ुश हुई। आप कितने भी आत्म निर्भर हो जाए अकेलापन ऐसी अवस्था है जो राजा हो या रंक सबको समान रूप से कचोटती है। लाख ध्यान लगे लेकिन मानव हो या पशु सबको कोई बात करने के लिए चाहिए। क्षमा करे मैं महान योगियों के बारे में नहीं कह रही हूँ। मैं हम जैसे आम आदमी के बारे में बात कर रही हूँ। यह प्रवचन की आदत बड़ी बुरी होती है। सच ही तों मानस में कहा गया है—"पर उपदेश कुशल बहुतेरे" हाँ तों मैं अपना ऑफ़िस का कार्य शीघ्र निपटा कर वापस आ गयी। मिसेज़ कपूर ने कहा चलो लेटे वाले हनुमान जी के दर्शन करने चले। हम ऑटो करके पहुँच गए। कुम्भ समाप्त हो चुका था और पूरा स्थान वीरान लग रहा था। विश्वास नहीं हो रहा था की दो माह पूर्व यहाँ इतनी बड़ी नगरी बसी हुई थी। लेकिन प्रयाग हमेशा बहुत अच्छा लगता है। चौड़ी सड़के और ख़ाली-ख़ाली सी नगरी। वहाँ का वीरानापन का अलग अन्दाज़ है। ऋषि भरद्वाज का आश्रम इसी स्थान में था। इसीलिए पवित्र वातावरण के अंश अभी भी है। हम वापस आयें और खाना खा कर चाय के बड़े कप लेकर बैठ गये। मैंने बात शुरू करी। सच आपको देखकर बहुत फक्र होता हैं। आपने जो किया उसके लिए बहुत साहस की ज़रूरत होती है। वह बोली। नहीं। मुझे बहुत कोफ़्त होती है की मैंने इस तरफ़ कभी ध्यान क्यूँ नहीं दिया। बोली। हम लोग पुरुष हो या स्त्री इस बात को ज़्यादा तवज्जो देते है की हमारे जीवन साथी का किसी दूसरी स्त्री या पुरुष के साथ कोई रिश्ता तो

नहीं बन रहा हैं। यानी हम एक्स्ट्रामैरिटल अफ़ेयर के बारे में ही चिंतित रहते है। लेकिन हम लोग और बहुत विकृतियों को समझ ही नहीं पाते। वह बोली। समाज में इसकी जागरूकता की बहुत ज़रूरत है। मैंने कहा आप बिल्कुल सही कह रही है। माँ बाप को बच्चों को यह बताना चाहिये। फिर स्कूलों में यह बताना चाहिए। उन्होंने बताया मैं आजकल इसके बारे में अवेर्नेस कैम्पेन चला रही हूँ। शायद हम घरों मे कई तरह के ग़लत व्यवहार को समाज के डर से दबा देते है। मेंटल हेल्थ हमारी प्रायऑरिटी नहीं है। हम डिप्रेशन के बारे में तो अब जागरूक होने लगे है लेकिन बाक़ी बहुत डिसोर्डर है जिस पर बहुत कम जागरूकता है।

मुझे लगता है मिसेज़ कपूर बहुत सम्वेदनशील और साहसी महिला है। उनका व्यक्तित्व सराहनीय हैं। मेरा उनसे जुड़ाव जारी हैं। हर शख़्स की ज़िंदगी में ऐसा कुछ ज़रूर होता है जो हमें ज़िंदगी के नए आयाम बताता है। जागरूक बने नहीं तो पता नहीं कब ज़िंदगी रेत के पुल की तरह भरभरा कर गिर पड़े।

समय किसी के लिए नहीं रुकता और कहाँ जाता है समय बहुत बलवान होता है। मेरी नायिका मिसेज़ कपूर के साथ भी यही हुआ। मैंने शायद आपको बताया था मिसेज़ कपूर के तीन बच्चे थे। दो पुत्री और एक पुत्र। तीनों का विवाह पहले ही हो चुका था। अभी तक मैंने आपको यह नहीं बताया था कि बच्चों की प्रतिक्रिया क्या हुई जब मिसेज़ कपूर ने वह क्रांतिकारी फ़ैसला लिया था की अब वह कपूर साहेब के साथ नहीं रह सकती। आप इस बात पर गौर करिये कि एक पचास साल की उम्र की औरत का यह फ़ैसला जिसके बच्चों की शादी हो चुकी थी और वह अपनी ज़िंदगी मे मस्त थे कितना बड़ा भूचाल लाया होगा। यह एक कठिन फ़ैसला था। मैंने इसलिए कहा है रेत का पुल। कई ज़िंदगी रेत की तरह भरभरा कर गिरी। मिसेज़ कपूर का बेटा समझदार था। उसने माँ के फ़ैसले पर कोई ड्रामा नहीं किया लेकिन इसके विपरीत बड़ी बेटी ने माँ को सपोर्ट नहीं किया। दूसरी बेटी तटस्थ रही। एक परिवार के तीनों बच्चे जिनकी परवरिश एक ही तरह से हुई उसके हर सदस्य की सोच और प्रतिक्रिया अलग हुई। बेटियों से मिसेज़ कपूर को ऐसी उमींद नहीं थी। मुझे लगता है शायद बच्चों को फ़िक्र हुई होगी की माँ इस उम्र में कैसे रहेगी। मिसेज़ कपूर ने यह स्पष्ट कर दिया था कि वह किसी भी बच्चे के साथ नहीं रहना चाहतीं है। धीरे-धीरे सब सामान्य हो गया। हम लोग लीक से हटकर कोई भी काम करने की हिम्मत इसलिए नहीं कर पाते है

क्यूँकि हमें यह भय रहता है कि लोग क्या कहेंगे? या हमारे बारे में क्या सोचेंगे? शायद यही वजह है हम जीवन में ऐसी बहुत सारी बातों को चुपचाप झेलते रहते है। मिसेज़ कपूर ने भी इसी भय से अपने पति की हरकतों पर पर्दा डाला होगा। शायद ऐसा ही चलता रहता। लेकिन नंदू के वाक़िये ने उन्हें अंदर से झँझोर दिया था। यही उनके इतने बड़े फ़ैसले का सबब बन गया। सारे रिश्ते-नाते बेमानी हो गए। अपना खोखलापन और बेचार्गी उन्हें कचोटने लगी। औरत जब तक चुप चाप सहती रहती है वह कमजोर लगती है। लेकिन जिस दिन वह आवाज़ उठाती है उसकी आवाज़ को कोई नहीं दबा सकता है। मैंने यह कहानी आपको इसीलिए सुनायी की हर शख़्स का फ़र्ज़ है कुरीतियाँ, अत्याचार और अनाचार के ख़िलाफ़ आवाज़ उठाए। फिर चाहे वह आपके अपनों के ख़िलाफ़ ही क्यूँ ना हो। हमारा यह दायित्व है की समाज में आब-हवा साफ़ हो और आस पास की विकृतियों को उजागर करे। मिसेज़ कपूर निश्चय ही एक प्रेणना है क्यूँ की वह उस जेनरेशन की औरत है जब विवाह का मतलब कॉन्ट्रैक्ट नहीं था। आजकल की जेनरेशन की बात अलग है। अब तो विवाह से वॉकआउट इस बात पर भी हो जाता है की तुम पार्टी ऐनिमल (party animal) नहीं हो। मिसेज़ कपूर का कदम अनाचार के ख़िलाफ़ था।

कुछ समय पहले खबर आयी की मिसेज़ कपूर को हार्ट अटैक आया था। सुना है उनके नए परिवार के लोगों ने उनके बच्चों को इत्तला कर दी थी। बच्चों ने बहुत मनाया और उनको घर ले गए। अब सब सामान्य है। मुझे ख़ुशी हुई की अन्तत: मिसेज़ कपूर को अपने बच्चों से वह सम्मान मिला जिस की वह हक़दार थी।

हम तो चले

साठ के दशक तक संयुक्त परिवार का चलन था। जो परिवार अलग होने शुरू हुए उसका कारण खुद के बड़े परिवार थे। बड़े परिवार इसलिए क्योंकि अमूमन परिवारों में पुत्रियों की संख्या तीन या पाँच या सात तो होती थी पुत्र भी एक या दो या तीन तो आप समझ सकते है अगर आज के परिवारों से तुलना करे जिसमें बच्चों की संख्या एक या दो से ज़्यादा नहीं होती है उनके लिए इतने बड़े परिवार की कल्पना हास्यास्पद हो सकती है। मैंने सोचा आज आप को ऐसे हो एक परिवार की कहानी सुनाओ।

सिंह साहेब को लोग ठाकुर जी और उनकी पत्नी को ठकुराइन के नाम से ही सम्बोधित करते थे। पत्नी का वजूद उस जमाने मे पति के साथ जुड़ने में ही होता था। इसलिए शायद उनका नाम भी किसी को न पता था न ही किसी ने कभी जानने की कोशिश भी करी। तो साहेब ठाकुर साहेब का भरा पूरा परिवार था। पाँच लड़कियाँ और तीन लड़के। घर काफ़ी विशाल और फैला हुआ था। बड़ा सा आँगन और उसमें बीच में आम का पुराना पेड़। उसकी शाखायें आधे आंगन को छाया प्रदान करती थी। घर थोड़ा ऊँचाई में बना था। चारों ओर ख़ूबसूरत वरांडा था। वरांडे में बेंत की आरामदायक कुर्सी रखीं रहती थी। एक बड़ी लेटने वाली कुर्सी भी थी जिसमें मैंने किसी को कभी बैठे या लेटें नहीं देखा था। वरान्डे में क़रीने से मौसमी फूलों के गमले लगे रहते थे जो बहुत ख़ूबसूरत लगते थे। आप सोच रहे होगे मैं वरान्डें के बारे में इतना क्यूँ बता रही हूँ। तो वह इसलिए की आजकल महानगरों में रहने वाले हम जैसे लोग अब इसकी कल्पना ही कर सकते हैं। मुझे फ़्लैट में लटका हुआ सा महसूस होता है और उस घर का यह वरान्डा आज बहुत याद आ रहा है। जाड़ों के दिन में धूप सेकते-सेकते ठकुराइन पूरे घर का वरांडा घूम लेती थी। धर मे लान और बड़ा सा किचन गार्डन भी दर्शनीय था। ठकुराइन

अच्छी ठसक वाली महिला थी। मायके और ससुराल दोनों के यहाँ बड़ी ज़मींदारी थी। पैसों की कोई कमी नहीं थी। लेकिन पाँच लड़कियों की माँ कुछ तो चिंतित रहती ही है। तो वह भी कई विकारों से अक्सर पीड़ित रहती थी। ठकुराइन की दिनचर्या निराली थी। सुबह होती ही आंगन में नहाने के बाद विराजमान हो जाना और ऑर्डर लगाना शुरू कर देना। घर में नौकरों की फ़ौज थी इसलिए लड़कियों को कोई काम नहीं करना पड़ता था। उन पाँच बहनों में काफ़ी प्रेम था। क्यूँ कि बहनों में झगड़ा तो अनूमन काम को लेकर ही होता है। हाँ तो मैं आपको उनके नाम तो बता दूँ। बड़े से लेकर छोटे तक नाम थे—मीना, मंजु, मधु, गीता और

आशा। इसने से दो तीन नाम आपको उन दिनों हर घर में मिलेंगे। इसका कारण यह है की हर घर में तीन या पाँच लड़कियाँ होती ही थी। इसके बाद तीन भाई थे। राजू, गुड्डू और पप्पू। मैं गीता की सहेली थी। सब बहनों में एक या दो साल का ही उमर में अंतर था। जब मैं पहली बार गीता के साथ उसके घर गयी तो मैं अवाक् हो गयी। लग रहा था गर्ल्ज़ हॉस्टल में आयी हूँ। सच बोलो मुझे वहाँ से अपने घर वापस जाने का मन ही नहीं हो रहा था। मैं अक्सर गीता के घर कॉलेज के बाद चली जाती थी। उसके घर का मस्ती का माहौल मुझे बहुत पसंद था। मेरे घर में केवल मैं और मेरा छोटा भाई ही था। मेरे माँ और बाबा दोनों सरकारी नौकरी में उच्च पद पर आसीन थे और मुझे घर में बहुत अकेलापन लगता था। अक्सर माँ बाबा को मीटिंगों में शहर के बाहर भी जाना पड़ता था। धीरे धीरे मैं गीता के घर का ही हिस्सा बन गयी थी। अगर कुछ दिन नहीं जाती तो गीता की माँ पूछना शुरू कर देती। मैं उन्हें ताई बुलाती थी। तो मेरा और गीता के घर का वातावरण बिलकुल विपरीत था। मेरा घर बिलकुल सरकारी और उसका घर बहुत लाइव्ली। मैंने कभी गीता के पिताजी को नहीं देखा था। जब मैं जाती थी वह घर पर रहते नहीं थे। एक दिन जब मैं उसके घर पहुँची तो देखा कुछ भगदड़ मची हुई है। सब और शांति थी। पता चला आज ठाकुर साहेब यानी की गीता के पिताजी घर पर है। ठाकुर सूर्या प्रताप सिंह कुछ कड़क क़िस्म की शख़्सियत थे। नाप तोल कर बोलते थे। शायद घर को सम्भालने के लिए एक न एक अभिभावक को सख़्ती का चोला पहनना ही पड़ता है। बाद में पता चला बाहर से तो सख़्त है लेकिन अंदर से भले है। मैं सोचती हूँ आजकल माँ बाप एक या दो संतान को नहीं सम्भाल पाते है तो उस परिवार में तो आठ थे। एक

चीज़ उनके घर पर अच्छी थी। लड़कियों पर कोई अंकुश नहीं था। और संस्कारी आज़ादी थी। आप पूछेंगे यह संस्कारी आज़ादी क्या होती है? मेरे विश्लेषण के हिसाब से अगर एक सीमा की आज़ादी माँ बाप दे जिसमें बच्चों को अहसास हो की आज़ादी का दुरुपयोग नहीं करना है तो यह संस्कारी आज़ादी है। दो साल के अंदर ही फटाफट गीता की तीन बड़ी बहने मीना, मंजू और मधु का विवाह हो गया। पैसों के अभाव में शादी करना दिक़्क़त का काम है। लेकिन अगर आप धनवान है और आपका तालुक्क रसूखदार समाज से है तो कोई मुश्किल नहीं। अभी तक सब अच्छा चल रहा था। लेकिन मुझे कुछ आभास था कि गीता बाक़ी तीनों बहनों से कुछ अलग है। चौथी नम्बर की संतान पर माँ बाप का अंकुश वैसे भी कम होता है। ताईजी तीन कन्याओं के विवाह के बाद निश्चिन्त सी हो गयी थी। दामाद और घर अच्छे मिल गए थे और अब गीता की शादी की हड़बड़ी भी नहीं थी। हम दोनों ग्रैजूएशन कर रहे थे। गीता का रुझान क्लास के एक लड़के की तरफ़ दिखता था। दोनों एक दूसरे को पसंद भी करते थे और नोट्स का आदान प्रदान चलता था। मेरा इंट्रेस्ट अब पढ़ाई की तरफ ज़्यादा होने लगा था। माँ ने अब ध्यान मेरी पढ़ाई पर देना शुरू कर दिया था। उन्हें तो मुझे अपनी तरह सिविल सर्वंट ही बनाना था। कोई ग़लत भी नहीं था। डॉक्टर के बच्चे डॉक्टर, वक़ील के वक़ील, पॉलिटिशन के पॉलिटिशन ही बनते है। गीता भी मेरे साथ पढ़ाई में मन लगाने लगी थी। एक दिन लाइब्रेरी में बोली—सुन मुझे तुझे कुछ बताना है। मुझे किसी से प्यार हो गया। मैं कुछ समझी नहीं। मैंने कहा गीता इग्ज़ाम्ज़ नज़दीक आ रहे है। वह बोली हाँ। मैं तुझसे इस लिए बता रही हो क्योंकि तू मेरे घर वालों को तो जानती है। वह मेरी शादी कभी भी किसी और कास्ट में नहीं करेंगे। मैंने कहा—अभी क्यों उतावली हो रही हो। टाइम आने पर सोचेंगे। बात ख़त्म हुई। मैं पढ़ाई में लग गयी।

आज बहुत कुछ पुरानी बातें याद आ रही है। मुझे लगता है मेरे जैसे लोग जिनका घर का वातावरण बहुत कैरियर ओरयनटिड होता है वह जीवन की कई बातें अप्रीशीएट नहीं कर पाते है। अब इस उम्र में अहसास होता है की जजमेनटल नहीं होना चाहिए। हाँ तो मैं आपको बता रही थी गीता का रुझान अब कोर्स की किताबों में कम और कविताओं और साहित्य में ज़्यादा लगने लगा था। ऐसा नहीं था की मुझे यह पसंद नहीं था। मैं भी बहुत साहित्य पढ़ती थी। सच कहूँ तो

मेरे हर समय यही सब डिस्कस करने की वजह से ही गीता का इंट्रेस्ट भी जगा था। गीता के घर किताबों की कमी नहीं थी। उसके बाबूजी ने लाइब्रेरी बना रखी थी। उन दिनों अमीरों के घरों में एक स्टडी रूम ज़रूर होता था जिसमें दुनिया भर के बेहतरीन साहित्य की किताबें होती थी। मुझे लगता है ताऊजी को पढ़ने का शौक़ था। मैं अक्सर उस स्टडी से किताबें माँग कर पढ़ती थी। गीता ने एक बार बताया की बाबूजी ख़ुश हुए यह जानकार की कोई और भी है जो किताबें पढ़ता है। और फिर गीता को भी चस्का लग गया।

यह अठारह-उन्नीस की उम्र बहुत अलग होती है। हम सब ज़िंदगी को अलग चश्मे से देखते है। अच्छा साहित्य हमारी सोच को नयी दिशा देता है। हम कल्पना के लोक में भी विचरण करना शुरू कर देते है। मैं और गीता इसके अपवाद नहीं थे। मैंने पहले ही आप को बताया था गीता का स्वभाव अपने घर में अन्य लोगों से अलग था। वह संवेदनशील और भावात्मक थी। मृदु, सुन्दर और गम्भीर। वह किसी के दु:ख को देख परेशान हो जाती थी। घर के सब सेवकों की वह प्रिय गीता दी थी। मेरा और उसका रिश्ता बहुत अटूट था। मेरे पेरेंट्स भी उसको बहुत पसंद करते थे। हम दोनों पढ़ाईं साथ ही करते थे। लेकिन कुछ दिन से गीता ने लाइब्रेरी में आना कम कर दिया था या अगर कहूँ कि मेरे साथ समय बिताना कम कर दिया था तो ज़्यादा सही होगा। मुझे भी घर से पढ़ाई और प्रशासनिक सेवा की परीक्षा देने का दबाव था। इसलिए मैं पढ़ने में लगी रहती थी। गीता ने मुझे उस दोस्त के बारे में बताया था। धीर गम्भीर लड़का था और कला और साहित्य में दिलचस्पी रखता था। लेकिन धीरे-धीरे यह दोस्ती प्यार में बदल गयी थी। गीता के घरवाले एक लिमिट तक ही आज़ादी पसंद करते थे। और यह गीता को बख़ूबी पता था।

इसी बीच मेरे पेरेंट्स का तबादला दूसरे शहर हो गया। मुझे भी उनके साथ जाना पड़ा। गीता और मैं बहुत रोये। कभी—कभी पत्र लिख कर हाल चाल पता चल जाते थे। एक दिन गीता ने पत्र में यह कविता लिख कर भेजी—

सपनों का घर
यह सपनों की दुनिया भी
कितनी अच्छी होती है।
सपने पूरे हो या ना हो,

फिर भी,
कितने अपने होते है।
मेरा भी एक मासूम सा सपना
अक्सर सोते जागते
कभी भी झाँक कर आ जाता है।
पूरा होने की आस भी जगा जाता है।
काश! एक ऐसा दिन आए,
सब कुछ ताक में रख,
मैं जीवन के नियम,
ख़ुद ही बनाऊँ।
निज का संगीत सजाऊँ।
उसे ही गुनगुनाऊँ।
ख़ुद को सुनाऊँ।
अपनी ताल पर
खुल कर नाचूँ।
पंछी सी इतराऊँ।
दोस्तों के संग
ग़ज़ल और चाय की
महफ़िल जमाऊँ।
कुछ यूँ समझो
बढ़ती उम्र के साथ
घटती ही जाऊँ।
ख़ामोशी में कुछ
अपने से बतियाऊँ।
समंदर की रेत से
बड़े बड़े क़िले बनाऊँ।
कल कल बहती नदी की
धारा मे अपने पाँव लटकाऊँ
चिकने पत्थरों को समेट

उनकी माला बनाऊँ।
पहाड़ों मे चढ़ जाऊँ।
जंगली फूलों को चोटी
में सजाऊँ।
पेड़ों में झूला डलवाऊँ।
लम्बी लम्बी पेंग मारूँ
दुनिया को दिखाऊँ।
दिल खोलकर एक
बार हँसूँ और हँसाऊँ।
फल फूल खाकर,
अपना जीवन बिताऊँ।
कब से सोच रही हूँ,
ऐसा दिन आए।
कोई सपनों का सौदागर
सब सपने पूरे कर जाए।

मुझे कविता पढ़ने के बाद गीता के मन की अवस्था का कुछ भास हुआ। लगा बातें करनी ज़रूरी है। शायद गीता अकेला महसूस कर रही है। मैंने परीक्षा के बाद उस के पास जाने का प्रोग्राम बना लिया। लेकिन ईश्वर को कुछ और मंज़ूर था। मेरी माँ की अचानक तबियत ख़राब हो गयी। डॉक्टर ने बाईपास सर्जरी के लिए कहा। हम सब आनन फ़ानन में माँ को दिल्ली ले गए। और मेरा गीता के पास जाने का प्रोग्राम टल गया। माँ की देखभाल बढ़ गयी। अचानक आयी ज़िम्मेदारी से मैं काफ़ी वयस्थ हो गयी और मेरा गीता से सम्पर्क टूट गया। आजकल का टाइम होता तो मोबाइल से हर पल की ख़बर रहती लेकिन वह समय दूसरा था। मन की बात करनी हो तो चिट्ठी का ही एकमात्र सहारा था। समय बहुत तेज़ी से बदला। मैं इधर घर की परेशानी में क्या फँसी और उधर गीता की शादी तय हो गयी। दिन भी पक्का हो गया। मैंने शादी में जाने का फ़ैसला करा। लेकिन नहीं जा पायी। उस दिन बहुत रोना आया। माँ की तबियत बिगड़ गयी थी। अस्पताल भर्ती करना पड़ा था। शादी हो गयी। और दूसरे दिन मैं बेहोश हो गयी जब यह ख़बर मिली कि गीता ने ससुराल में पहली रात को अपनी हाथ की नस काट ली

और उसे बचाया नहीं जा पाया। मुझे बहुत बड़ा धक्का लगा। कई रात सो नहीं पायी। आख़िर मेरे पिता ने एक ऑफ़िस के अर्दली के साथ मुझे गीता के घर भेजा। वह समझ गए थे की मैं अगर मिलने नहीं गयी तो मैं ठीक नहीं हो पाओगी।

गीता का घर आज अजनबी लग रहा था। उसकी माँ ने बिस्तर पकड़ लिया था। मेरे पहुँचते ही वह गले मिलकर बहुत रोई। सब जानते थे गीता मुझसे सब बातें बताती थी। वहाँ जाकर पता चला गीता को शादी के दिन किसी ने एक पत्र भेजा था। क्या हुआ सुनिए। गीता उस लड़के से बहुत प्यार करने लगी थी लेकिन जब माँ बाप को पता चला तो कॉलेज जाना बंद करवा दिया गया। शादी के लिए लड़का तुरंत मिल गया और शादी की तैयारी शुरू हो गयी। गीता ने कोई प्रतिवाद नहीं किया। लेकिन फिर क्यूँ उसने अपनी जान ले ली। हुआ यूँ कि उस पत्र से उसे जानकारी मिली की उसके प्रेमी ने अपनी जान दे दी है। इसलिए उसने यह क़दम उठाया। गीता के पिता यह सदमा बर्दाश्त नहीं कर पाए। उनको हार्ट अटैक हो गया और उनकी एक महीने में मृत्यु हो गयी। गीता की माँ जो हमेशा बीमार रहती थी उन्होंने घर सम्भाला। अक्सर देखा गया है कि औरतें विपत्ति आने पर मजबूर नहीं होती। वह हिम्मत बटोर लेती है। किसने सोचा था की हमेशा बीमार रहने वाली ठकुराइन खड़ी हो जाएँगी।

समय बीता। किसी ने सही ही कहा है। वक़्त ही सब कुछ सम्भालता है। गीता की मौत ने मुझे बहुत प्रभावित किया। मैं काफ़ी बीमार पड़ी। फिर अपने को किसी तरह बटोर कर सिविल सेवा की परीक्षा दी और अधिकारी बन गयी।

आज कई सालों बाद यह सब बात क्यूँ याद आना शुरू हुई, यह बताना भी ज़रूरी है। मेरा अभी नए शहर में तबादला हुआ था। एक दिन एक कलीग मुझसे मिलने आए। बातों-बातों में पता चला कि उनकी पत्नी भी मेरे कॉलेज से है। मैंने नाम पूछा तो हकबक हो गयी। गीता की छोटी बहन आशा थी। मैंने फ़ोन नम्बर लिया और दूसरे दिन बात कर के उसके घर पहुँच गयीं। हम दोनों ख़ूब रोए। आशा ने बताया की उसकी शादी गीता के पति से करवा दी गयीं। पिताजी ने हाथ जोड़े। यह लोग भी बहुत परेशान हो गए थे। क्योंकि पिताजी का रसूख़ था बात दब गयीं। किसी को कुछ पता नहीं चला। माँ ने उसी साल शादी करवा दी। आशा ने मुझसे पूछा—दी आप तो गीता दी की सबसे क्लोज़ थी। क्या आप को कुछ नहीं पता था? माँ हमेशा कहती है अगर आप ने कुछ बता दिया होता

तो शायद दी आज ज़िंदा रहती या आप ने उन्हें रोका होता। मैंने कुछ नहीं बोला। क्या बोलती? आज सोचती हूँ उस दिन आशा को क्यूँ नहीं बता पायी की मैंने हमेशा मना करा था। क्यूँ नहीं बोल पायी की आज दस वर्ष बीत जाने के बाद भी मैं अपने को कही न कही क़सूरवार मानती हूँ। आज भी मैं इस बात को भुला नहीं पा रही हो की मैंने गीता के प्यार को सीरीयस्ली क्यूँ नहीं लिया।

अब मैं सोचती हो मैं उस समय यह कैसे समझती? मैं तो अलग दुनिया मे जीं रही थी। मुझे उस वक़्त इन बातों की समझ नहीं थी। लेकिन यह भी सच है की मैं दोस्ती का धर्म निभाने में सफल नहीं हुई। काश उसके घर वालों को बता देती। लेकिन क्या हमारे कर्म और हमारी तक़दीर हमारे हाथ में है। अगर वह लड़का अपनी जान न देता तो शायद कहानी दूसरी होती! शायद! मैं कई बार गीता की लिखी कविता पढ़ती हूँ। महसूस करती हो शायद अब उसको अपने सपनों का सौदागर मिल गया होगा। आप को क्या लगता है इस कहानी के दुखांत अंत के लिए क्या कोई ज़िम्मेदार है या यही नियति थी? यह फ़ैसला मैं आप पाठकों पर छोड़ती हूँ।

●●●